Qué dicen los lectores sobre *Límites saludables, despedidas necesarias*

«Este es el libro que desearía que alguien me hubiera dado al comienzo de mi viaje como seguidora de Jesús. Estaba tan herida emocionalmente por las experiencias traumáticas de mi pasado que no sabía cómo establecer límites saludables, ni cómo encontrar la forma de decir adiós. Como resultado, experimenté quiebres relacionales que causaron mucho dolor y podrían haberse evitado aplicando la sabiduría que se comparte en estas páginas. En *Límites saludables, despedidas necesarias*, Lysa revela importantes principios y disipa falacias destructivas que te ayudarán a honrar a Dios y a prosperar en la vida estableciendo límites saludables y aceptando las despedidas necesarias».

— Christine Caine, fundadora de A21 y Propel Women

«En un mundo donde se habla mucho *sobre* los límites, Lysa nos guía amablemente para que entendamos *por qué* son fundamentales para las relaciones amorosas que anhelamos y nos muestra cómo establecerlos bien. Al replantear los límites de algo que puede sentirse *limitante* a algo que es verdaderamente *amoroso*, este libro nos equipa para navegar por las relaciones de una manera amorosa, saludable y que honra a Dios. Si alguna vez te sientes como si estuvieras atrapada entre la sensación de que las personas que más amas se aprovechan de ti o que debes alejar a los demás para evitar ser herida, *Límites saludables, despedidas necesarias* te proporcionará la orientación práctica y bíblica que necesitas para actuar en el lugar más amoroso con límites saludables, en lugar de en cualquiera de los extremos».

— Jordan Lee Dooley, autora de éxitos de
ventas del *Wall Street Journal*

«Una vez más, Lysa hace lo que mejor sabe hacer al guiarnos cuidadosamente a través de un tema difícil acerca del cual todas tendremos que tomar decisiones: los límites en nuestras relaciones. Si eres como yo, estas conversaciones sobre los límites me ponen nerviosa y me dan miedo. En *Límites saludables, despedidas necesarias*, Lysa utiliza su propia experiencia como estímulo para todas nosotras. Terminé de leer la última página de este libro y lloré. Lágrimas de aliento y esperanza por esas relaciones que sé que serán más saludables después de tener algunas conversaciones difíciles sobre los límites. ¡Gracias, Lysa, por ayudarnos! ¡Todo el mundo necesita este libro!».

—**Jamie Ivey, autora de éxitos de ventas y presentadora del pódcast** *The Happy Hour with Jamie Ivey*

«*Límites saludables, despedidas necesarias* está lleno de verdades bíblicas y terapéuticas para ayudarte a navegar por tus relaciones más complicadas. Los límites no son solo una buena idea, son idea de Dios. Este puede ser el mensaje más importante de Lysa hasta ahora».

—**Sandra y Andy Stanley, North Point Ministries**

«Para muchas personas, *límites* es una mala palabra. Esto es algo sobre lo que a muchos de nosotros nos incomoda hablar, pero también es lo que necesitamos desesperadamente para ganar en nuestras relaciones. Lo que me gusta de este libro es que tal vez no sea el mensaje más fácil de asimilar, pero si te desafías a superar la presión y el dolor, te prometo que *Límites saludables, despedidas necesarias* será una herramienta de sanidad y restauración que te ayudará a provocar una verdadera transformación en tu vida».

—**Michael Todd, autor de éxitos de ventas según el *New York Times* y pastor principal de Transformation Church**

«Lysa TerKeurst ha creado un libro que sanará lo más profundo de un corazón herido. Ha elaborado un manual sobre cómo vivir en medio de la tensión del dolor y la promesa que se siente como la exhalación que hemos estado esperando liberar».

—**Carlos Whittaker, autor de *How to Human* y presentador del pódcast *The Human Hope***

«La sinceridad total con la que Lysa escribe es impresionante y muy satisfactoria... Ella da grandes ejemplos de relaciones dañinas y de cómo identificar las señales. También ofrece formas prácticas de establecer límites... Este libro resulta transformador».

—Kimberly W.

«Durante mucho tiempo me adherí a la falsa idea de que poner límites era anticristiano. La sabiduría de Lysa en torno a los límites fue, para mí, una revelación que cambió un paradigma, una oración respondida y un bálsamo de sanidad para el alma».

—Lauren R.

«Escrito en el tono de una amiga sabia y cariñosa que se preocupa por tus intereses, ¡este libro me hizo resaltar algo en casi cada página!... Me mantuve leyendo algunas partes en voz alta para mí, porque lo encontré sumamente profundo».

—Shanae G.

«¡Qué regalo es este libro! Las palabras de Lysa están impregnadas de incontables horas de estudio en la Palabra de Dios y han sido sopesadas con gracia y misericordia en las experiencias de la vida real. ¡Este libro ha cambiado para bien toda falsa creencia que tenía sobre los límites!».

—Melanie P.

«Lysa hace un trabajo increíble al compartir sus experiencias, lecciones y heridas de forma cruda, vulnerable y sincera. Leer sus palabras ha hecho que me sienta vista y comprendida de una manera que no muchos autores pueden lograr. Estoy muy agradecida de que haya estado dispuesta a compartir su vida, dolores y alegrías con el resto de nosotras. No puedo esperar a darle este libro a mis amigas cercanas, con la esperanza de que les ayude tanto como me ha ayudado a mí».

—Amy H.

«Las palabras y la perspectiva basadas en la fe de Lysa, que se hallan en este libro, me ayudaron a cultivar límites en mi propia vida que no me había dado cuenta de que necesitaba. Este estímulo ha sido una bendición y me ha equipado para fortalecer algunas de mis relaciones más cercanas».

—Hope H.

«Este libro es para esa chica de gran corazón que necesita una guía sobre cuándo decir que no, cómo establecer límites sin sentirse culpable y qué palabras decir en esos momentos difíciles. Lysa siempre me recuerda que debo mantener mi corazón a salvo y cómo honrar verdaderamente a nuestro Dios».

—Sanaz W.

LÍMITES SALUDABLES, DESPEDIDAS NECESARIAS

Otros libros de Lysa

El lunes empiezo de nuevo (basado en su libro *Fui hecha para desear*)

Perdona lo que no puedes olvidar

No debería ser así

Sin invitación

El mejor sí

Emociones fuertes, decisiones sabias

Más que apariencias

Fui hecha para desear

Cuando las mujeres le dicen sí a Dios

Autora *best seller* del *New York Times*
de *Perdona lo que no puedes olvidar* y *Sin invitación*.

LYSA TERKEURST

LÍMITES

SALUDABLES,

DESPEDIDAS

NECESARIAS

AMA A LOS DEMÁS
SIN PERDER LO
MEJOR DE TI

GRUPO NELSON
Desde 1798

Dedico este mensaje a la mujer valerosa que tomará algunas decisiones difíciles, pero muy valientes, para salir del caos y dirigirse a la salud y la honestidad. He pensado en ti mientras escribía cada palabra de este libro. Recuerda que cuando amas profundamente puedes ser herida en igual medida. Sin embargo, que te hieran no significa que tengas que temer la cercanía con todas las personas. En realidad, significa que tienes una enorme capacidad para amar a los demás realmente bien, porque te has atrevido a ofrecerle a otra persona lo más tierno de tu corazón. No guardes el amor como un viejo sweater que no te quieres volver a poner. Los límites saludables pueden ayudarte a reconocer lo que se ha deshecho para que puedas amar a los demás sin perder lo mejor de ti. En estas páginas hay miles de mis lágrimas que se convirtieron en manchas de tinta cuando le prometí a Dios que si él me ayudaba a vivir este mensaje, lo escribiría. Y que haría todo lo posible para que este libro llegara a tus manos. Es un gran honor encontrarte aquí. Ahora, vamos a empezar juntas.

♡

Contenido

Introducción

No podemos establecer
límites saludables sin amor

Bueno, hola. Hay muchas cosas que quiero escribir en estas primeras palabras a fin de proporcionar el ambiente adecuado para este libro. Me gustaría poder alcanzarte tu café favorito, darte una manta, colocar una caja de pañuelos en la mesa frente a nosotras, elegir el fondo musical adecuado y ponernos al día en cuanto a nuestra situación.

Preferiría hablar de todo esto cara a cara. O al menos escribírtelo en una carta de mi puño y letra. Hay un elemento profundamente humano que no quiero que se pierda en estas páginas en blanco y negro ni en las palabras escritas en computadora. Ambas estamos recurriendo a este libro en medio de la vida real, donde exploramos lo que funciona y lo que no en las relaciones que atesoramos.

Y como las relaciones son tan orgánicas, se mueven como el aliento que inhalamos y exhalamos de nuestros pulmones, expandiéndose con una profunda conexión en un minuto y al siguiente atrofiándose en una completa incomprensión. Las relaciones son maravillosas y están llenas de amor y frustración; se forjan con angustia y todo lo que aportamos cada vez que intentamos aceptar a otra persona. Cuando aquellos a quienes amamos se aproximan a nosotras, se acercan a nuestros problemas. Y nos encontramos cara a cara con los suyos también.

Y a medida que nos sinceramos mutuamente, mientras más nos conectamos, más vulnerables nos volvemos. Y mientras más vulnerables nos volvemos, más expuestos quedan los puntos más sensibles de nuestro interior. Esta exposición es arriesgada. Cuando nos atrevemos a que nos conozcan tanto, nos arriesgamos a que nos hieran. Cuando nos atrevemos a tener esperanzas, nos arriesgamos a que nos decepcionen. Cuando nos atrevemos a ser muy generosas, nos arriesgamos a que se aprovechen de nosotras. Y cuando nos atrevemos a convertirnos de forma antinatural en lo que otros necesitan, nos arriesgamos a perdernos a nosotras mismas en el proceso.

Al amar y ser amada me siento envuelta en el sentimiento más seguro que he conocido.

Al herir y ser herida me siento aplastada por el sentimiento más aterrador que he conocido.

Tú y yo lo sabemos. De diferentes maneras, con distintas personas y en diversos grados, conocemos las complicaciones multifacéticas del amor y el desamor.

Soñamos con lo mejor, tememos lo peor y seguimos intentando averiguar cómo relacionarnos de la forma correcta. Construimos nuestras vidas en torno a los que amamos. Y aquellos que amamos construyen sus vidas en torno a nosotras.

Nos reímos, nos conectamos y desconectamos, nos peleamos y nos reconciliamos; nos alejamos y volvemos a acercarnos, y pensamos en lo afortunadas que somos de estar con alguien hasta que le enviamos a nuestro consejero el emoji del corazón roto con el texto: «Necesito ayuda ahora... esto no va bien». O quizás usamos otras palabras y emojis que no podemos poner aquí en este pequeño libro.

No todo es mágico como en las tramas de las películas navideñas de Hallmark.

Las personas en estas películas parecen vivir con la bendición de la previsibilidad y de las cosas funcionando siempre de forma épica. Nunca hay necesidad de límites, porque no hay dificultades. Una vez que la historia toma un rumbo favorable, sigue siendo buena hasta que aparecen los créditos. La semana pasada les envié un mensaje a mis amigas después de ver demasiadas de esas películas. Intentaba corregir esas tramas poco realistas. Y decía así:

> **ESCENA DE APERTURA:** La nieve cae suavemente sobre la gente del pueblo que ríe y patina sobre hielo. Una chica atiende a los clientes en medio de la diversión de los demás. Su jefe es irrazonable y mezquino. Ella se ve fuera de sí, como si estuviera buscando algo, algo que está más allá de su alcance. De repente, aparece un hombre con una guitarra, una actitud presumida y una fama inusual. Y es un príncipe secreto de una tierra lejana. Ella derrama agua sobre él. Él le escribe una canción. Se enamoran.
>
> **ESCENA DE CIERRE:** Ella se convierte en princesa.

Sin embargo, por desgracia, todas sabemos que eso no es real. La vida no termina con un lazo prolijo y bonito. Así que, en realidad, el guion debería ser así:

> **ESCENA DE APERTURA:** El mismo escenario inicial, pero la chica derrama agua sobre el hombre, él se asusta, no le deja propina, intenta que la despidan y ella se va a casa murmurando sobre lo imbécil que él fue. Además, su castillo está embargado y pronto se encuentra trabajando como camarero en el mismo restaurante. Al final, a ella la ascienden a gerente, se vuelve independientemente exitosa y establece límites con él, porque es irresponsable en la forma en que cierra las cajas registradoras cada noche. Luego ella hace algunos descubrimientos que la llevan a despedirlo, porque roba de la caja.

ESCENA DE CIERRE: Ella compra el castillo e invita a sus amigas para procesar lo que le salió mal con él, ¡y cómo es posible que haya podido robarle! Pero luego, después de la escena final, se cuestiona a sí misma una y otra vez, y desearía que las cosas hubieran sido diferentes.

Por supuesto, Hallmark no me está pidiendo que escriba para ellos por el momento.

No obstante, estoy ansiosa por procesar lo que creo que ha sido la pieza faltante en la historia de mis relaciones durante demasiado tiempo: *límites saludables.*

Ahora bien, aquí es donde quiero mirarte directamente a los ojos y decirte algo muy importante. Este no es un libro acerca de abandonar a las personas, sino de cómo amarlas de forma correcta y saludable. Y acerca de comunicar los límites y parámetros apropiados para que el amor se mantenga seguro y sostenible. Los límites no están pensados para alejar al amor. Todo lo contrario. Establecemos límites para saber qué hacer cuando queremos amar a los que nos rodean sin perdernos a nosotras mismas en el proceso. Los límites saludables nos ayudan a preservar el amor dentro de nosotras, incluso cuando algunas relaciones se vuelven insostenibles y debemos aceptar la realidad de un adiós.

A lo largo de estas páginas, trataremos de examinar con sinceridad lo que es y lo que no es saludable para nuestras vidas, además de las relaciones en las que invertimos nuestros esfuerzos. A veces es difícil saber lo que es saludable y lo que no lo es, por lo que es importante buscar el consejo de una persona consagrada a Dios y, en situaciones más complejas como las adicciones y el abuso, de alguien específicamente capacitado en los temas en cuestión. (Ver «Cómo obtener la ayuda que necesitas» en la página 233).

Después de todo, la tarea principal que Dios nos asignó es que lo amemos a él y a los demás. Y esto es exactamente lo que Jesús enseñó y modeló. «Este mandamiento nuevo les doy: que se amen los unos a los otros. Así como yo los he amado, también ustedes deben amarse los unos a los otros» (Juan 13:34).

No podemos permitir el mal comportamiento y llamarlo amor.

Sin embargo, no podemos permitir nuestro mal comportamiento ni el de los demás y llamarlo amor. No podemos tolerar patrones destructivos y llamarlos amor. Y no podemos enorgullecernos de ser leales y clementes en nuestras relaciones cuando en realidad, estamos violando lo que Dios dice que es el amor. Por favor, escúchame claramente, el propósito de este libro no es identificar rápidamente los problemas en los demás sin mirarnos con franqueza a nosotras mismas también. Necesitamos examinar nuestras motivaciones y nuestra manera de pensar.

Y este no es un mensaje para alentar a las personas a que se divorcien de manera rápida, irreflexiva o imprudente. Proverbios 15:22 nos recuerda que hay sabiduría en la multitud de consejos. Este tampoco es un mensaje que anima a la gente a abandonar a los demás solo porque las cosas se vuelvan complicadas o la otra persona esté atravesando una temporada difícil.

No obstante, tampoco tenemos que llevar el péndulo al extremo y permanecer en una relación destructiva, tóxica o abusiva sin importar lo que suceda. (Ver «Algunas notas importantes a considerar sobre el abuso», página 234). Los límites, como pronto verás, deberían ayudarnos a evitar los extremos y a vivir más cerca del tipo de amor que Dios ideó para las relaciones.

El amor debe ser honesto. El amor debe ser seguro. El amor debe procurar el bien supremo de cada persona.

Y el amor debe honrar a Dios para poder experimentar la plenitud y la libertad de la conexión más dulce entre dos seres humanos.

De hecho, cuando leo 1 Corintios 13:4-7, me recuerda el propósito de Dios para la forma más pura de amor. Esto es lo que escribí sobre lo que quiero recordar de estas escrituras:

El amor no es deshonroso.

El amor no justifica el mal para permitir el egoísmo.

El amor no celebra la maldad.

El amor exige la verdad.

El amor conduce al honor, la bondad y la compasión.

Así que, al emprender este viaje, recordemos el verdadero propósito de los límites saludables. Los límites protegen el tipo correcto de amor y ayudan a evitar que la disfunción lo destruya. Los límites nos ayudan a expresar lo que hay que decir, a hacer lo que hay que hacer y a establecer lo que es y lo que no es aceptable. El amor debería ser lo que nos una, no lo que nos separe.

Y recuerda, no podemos establecer límites saludables sin amor. Establecerlos motivadas por la ira y la amargura solo conducirá al control y la manipulación. Usarlos como un castigo solo servirá para encarcelarnos. Pero fijar límites a partir del amor proporciona una oportunidad para que las relaciones crezcan, porque la verdadera conexión prospera dentro de la seguridad de la salud y la honestidad.

Supongo que mi mayor temor al escribir este libro después de un divorcio no deseado es que pueda parecer que estoy queriendo alejar a los demás. Sin embargo, eso no es cierto. Tengo más ganas que nunca de amar profundamente a las personas que forman parte de mi vida. Y sé lo destructivo que puede ser navegar por la devastación de las relaciones debido a la falta de límites. Sé lo que se siente al estar paralizada por las decisiones de otros que te rompen el corazón una y otra vez sin saber qué hacer al respecto. Conozco la frustración de decir que algo tiene que cambiar, pero sentirse atascada cuando la otra persona no coopera con esos cambios necesarios. Así que aun cuando algunas relaciones se vuelven tan insostenibles que es necesario pasar de un límite saludable a una despedida, no tienes que convertirte en alguien que nunca debiste ser.

El amor debería ser lo que nos una, no lo que nos separe.

— Ux~

> Cuando estamos heridas, los límites
> saludables y las despedidas necesarias
> nos ayudan a no quedar atrapadas
> en un estado perpetuo de dolor.

Cuando estamos heridas, los límites saludables y las despedidas necesarias nos ayudan a no quedar atrapadas en un estado perpetuo de dolor. Este es un libro escrito a fin de ayudarte a descubrir que los límites saludables pueden allanar el camino para que surja la versión más verdadera y pura del amor dentro de las relaciones que conforman gran parte de lo que somos y lo que más queremos.

Mientras procesamos los límites saludables y aprendemos más sobre las despedidas necesarias a lo largo del libro, he creado una sección al final de cada capítulo llamada «Ahora, apliquemos esto». Es un resumen de lo que hemos estado leyendo y aprendiendo, e incluye algunas preguntas y escrituras para reflexionar a medida que avanzamos. Recuerda, este no es solo un mensaje para leer, sino uno con el que queremos sentarnos, luchar y procesarlo en oración. Luego, si deseamos una verdadera transformación, tendremos que dar el paso crucial de la aplicación.

Este no será el mensaje más fácil de poner en práctica en tu vida, pero probablemente sea uno de los pasos más valiosos que des hacia la salud emocional y unas relaciones mejores. Y lo mejor de todo es que no estarás sola. Estaré contigo mientras confiamos en Dios para que nos guíe a través de cada palabra y cada próximo paso. Y también sabrás de mi consejero cristiano Jim Cress, que aportará ideas terapéuticas a lo largo del libro.

Ahora, apliquemos esto...

RECUERDA (AFIRMACIONES A LAS QUE AFERRARSE):

- No podemos permitir el mal comportamiento y llamarlo amor.
- El amor debe honrar a Dios para experimentar la plenitud y la libertad de la conexión más dulce entre dos humanos.
- Los límites protegen el tipo correcto de amor y ayudan a prevenir que la disfunción destruya ese amor.
- El amor debe ser lo que nos una, no lo que nos separe.
- Establecer límites motivados por el amor proporciona una oportunidad para que las relaciones crezcan en profundidad, porque la verdadera conexión prospera dentro de la seguridad de la salud y la honestidad.
- Cuando estamos heridas, los límites saludables y las despedidas necesarias nos ayudan a no quedarnos atrapadas en un estado perpetuo de dolor.

RECIBE (ESCRITURAS PARA EMPAPARSE):

«Este mandamiento nuevo les doy: que se amen los unos a los otros. Así como yo los he amado, también ustedes deben amarse los unos a los otros». (Juan 13:34)

El amor es paciente, es bondadoso. El amor no es envidioso ni jactancioso ni orgulloso. No se comporta con rudeza, no es egoísta, no se enoja fácilmente, no guarda rencor. El amor no se deleita en la maldad, sino que se regocija con la verdad. Todo lo disculpa, todo lo cree, todo lo espera, todo lo soporta. (1 Corintios 13:4-7)

REFLEXIONA (PREGUNTAS PARA PENSAR):

- ¿Has pensado alguna vez que establecer parámetros saludables en tus relaciones es, en realidad, un acto de amor?

Al comenzar este libro, ¿cómo cambia esta afirmación tu perspectiva?

- ¿Qué puede haberte motivado en el pasado a poner límites o a decir adiós? Tómate un tiempo para pensar en esto y luego escribe tus respuestas.

- Cuando estás en una relación en la que ha habido caos, confusión y dolor, reaccionar de forma extrema puede añadir aún más dolor. Algunos asumen toda la culpa y minimizan las acciones de la otra persona. El extremo opuesto es culpar únicamente al otro sin examinar tu propio corazón. A lo largo de este libro, queremos evitar llegar a uno de estos extremos. Por lo tanto, una autorreflexión sincera es siempre una buena práctica. Hacerse estas preguntas ahora es un paso sabio, y replanteárselas antes de poner un límite o decir adiós también puede ser útil:

— ¿He creado expectativas poco realistas?

— ¿Me ofendo con demasiada facilidad?

— ¿He considerado mis propios defectos con respecto a esta relación?

— ¿He buscado la sabiduría de un consejero o mentor consagrado a Dios?

ORACIÓN:

Señor, el mayor deseo de mi corazón es amar y atesorar a los demás de la manera en que tú nos atesoras. Pero sinceramente, a veces estas dinámicas relacionales tan difíciles hacen que sea increíblemente complejo discernir lo que es en verdad amoroso. Así que, al pasar estas próximas páginas, te pido que me guíes y me ayudes a caminar por tus caminos, no por los míos. Muéstrame cómo abordar mis relaciones más cercanas con compasión y un compromiso sano con la realidad para alinearme contigo. En el nombre de Jesús, amén.

CAPÍTULO 1

No estás loca (puedes amarlos, pero no cambiarlos)

«No se puede construir una confianza que se rompe todo el tiempo». Esas palabras llegaban a mí en insuperables olas de dolor, que empeoraban las heridas todavía abiertas de mi corazón. Pasé de querer gritar esas palabras a desear retractarme y tragármelas enteras.

Antes de ese momento, solo había sido capaz de escribirlas en mi diario. Pero entonces, en un instante imprevisto de sinceridad punzante, las dije en voz alta. Primero a mi consejero, luego, más tarde, al hombre con el que había estado casada durante casi tres décadas.

«No se puede construir la confianza que se rompe todo el tiempo». Fue un golpe duro. A veces puede ser horrible decir la verdad. Y sin embargo, es mucho más terrible tener la verdad frente a ti y negarla.

Lo amaba. Atesoraba nuestras largas charlas procesando la vida y el amor e incluso todos los detalles cotidianos que construyen una conexión estrecha. Cuando las cosas eran normales, asumía que esa relación siempre sería una gran parte de mi vida. Pero entonces todo empezó a cambiar, a deteriorarse y a ponerse por completo patas arriba. Las mentiras se volvieron más comunes que la verdad. Las segundas oportunidades se convirtieron en terceras, cuartas y quincuagésimas ocasiones para corregir los errores con la verdad.

Se hicieron promesas.

Y, durante una temporada, se cumplieron. Sin embargo, justo cuando pensaba que estábamos llegando a alguna parte, las promesas se rompían.

El problema es que la confianza es algo increíblemente frágil de reconstruir. Los retrocesos son crueles. Las torceduras inesperadas resultan debilitantes. Y si se tuercen hacia atrás hasta el punto de fracturarse, las astillas de una confianza rota una y otra vez son puñales en el corazón.

Cada parte de mi ser quería que nuestro matrimonio fuera saludable y próspero. Y sin embargo, todo lo que la realidad exigía era que se hicieran cambios.

Las adicciones habían regresado. Y también las violaciones de los límites que claramente se habían establecido. No podía ignorarlas ni fingir que estaba de acuerdo con ellas. Cada vez que veía una nueva evidencia, retrocedía tanto por el dolor dentro de mi pecho como por los recuerdos punzantes en mi cerebro. Mi consejero los llama «desencadenantes». Y cuando eso sucedía, me transportaba de nuevo a la época en la que no comprendía las adicciones. No entendía que las personas buenas pueden hacer cosas realmente malas cuando las adicciones se apoderan de ellas. Creía que me estaba volviendo loca.

La evidencia de las adicciones volvía a gritar terroríficas advertencias: «No estás a salvo. Está ocurriendo de nuevo. Todo es una mentira. Estás a punto de ser sorprendida. No sobrevivirás a esto».

Sacudía la cabeza. Mi cuerpo se doblaba por la mitad. Y los sollozos brotaban desde lo más profundo de mi ser. Había dado todo el amor y el perdón que sabía dar, pero no era suficiente. El amor dado es extremadamente hermoso. El amor recibido es tremendamente satisfactorio. No obstante, para que el amor prospere como verdadero y duradero, debe estar dentro de la seguridad de la confianza. Sin confianza, el amor morirá. Así que tenía que decirlo: «No se puede construir la confianza que se rompe todo el tiempo». Y mientras dejaba salir estas palabras, sentía como si estuviera declarando una de las peores derrotas de mi vida. Tenía la idea equivocada de que ser cristiano requiere que creamos lo mejor, pase lo que pase. Que es poco amable poner límites. Que es noble y encomiable permanecer en una relación sin importar lo que suceda. Ya no creo eso.

Ahora creo que debemos honrar lo que honra a Dios. Y al hacerlo, no debemos confundir los buenos mandamientos de amar y perdonar con las malas realidades de permitir y encubrir aquello que no honra a Dios. Cuando las acciones deshonestas de alguien nos ruegan que nos vayamos, eso debería hacernos reflexionar seriamente.

Mi consejero, Jim Cress, una vez sostuvo una almohada entre su cara y la mía. Me dijo: «Cuando hables con esa persona, todo lo que digas debe pasar primero por las adicciones. No estás hablando con la persona que amas».

Sabía que Jim tenía razón. Seguía tratando de tener una conversación con la irracionalidad de las sustancias que solo podían permitirme ser la facilitadora o la enemiga. A la facilitadora la manipularán. A la enemiga le mentirán. De cualquier manera, no hay amor en las manipulaciones ni en las mentiras. El amor respira el oxígeno de la confianza. El amor lucha y finalmente queda estrangulado en la batalla sin oxígeno de las adicciones.

Aunque no fui yo quien eligió las sustancias adictivas, era la que ahora trazaba una línea que no podía volver a cruzar. No obstante, en el fondo, sabía que el límite se cruzaría igual que había sucedido muchas veces antes.

La seducción de sus muchas adicciones lo había capturado tanto que ahora sabía que no estaba hablando realmente con el hombre que amaba.

No debemos confundir los buenos mandamientos de amar y perdonar con las malas realidades de permitir y encubrir aquello que no honra a Dios.

— Lys

Sus ojos tenían la misma forma de los que había visto innumerables veces, pero su verdadero yo no estaba allí. Él no podía ver lo que yo veía. Él no escuchaba lo que yo decía. Aunque solo nos separaban unos metros de distancia, había un abismo entre nosotros. La salud no puede vincularse con lo insalubre.

Así que, o bien tenía que volverme poco saludable y permitir que ese ciclo continuara, o tenía que seguir con los límites que habíamos acordado. En un tiempo de renovación, habíamos escrito lo que sería y lo que no sería aceptable en nuestra relación con vistas al futuro. Y ahora, la realidad de esos votos rotos era un golpe demoledor.

No había querido admitir que las adicciones estaban aflorando y volvían a crecer en espiral. Admitirlo me obligaría a decidir volver a entregar a ese hombre —que amaba— a sus decisiones. Para detener la locura, tendría que soltar su mano. Renunciar a lo que había sido una parte muy importante de mi vida. Dejar de intervenir para rescatarlo una y otra vez. Y luego recordarme a mí misma que debo inhalar mil respiraciones dolorosas y temerosas cada día. En algún punto, sabía que me miraría a la cara en el espejo y me preguntaría: *¿Pero y si lo rescatara esta vez y finalmente todo cambiara por completo? ¿O qué tal si no lo rescato y ocurre algo terrible? ¿Me arrepentiré el resto de mi vida? ¿Hay algo más que pueda hacer?*

Sin embargo, debido a todos los sabios consejos que había recibido, no había nada más que hacer. Y se sintió como una derrota vergonzosa. Es difícil poseer lo que no eliges. Sabía que no debía adueñarme de las repercusiones de adicciones que no eran mías. No obstante, cuando tu vida está tan estrechamente entretejida en el entramado colectivo de una relación cercana, puede ser insoportablemente enloquecedor ver a alguien elegir cosas que sabes que son destructivas. Aunque sus elecciones son propias, las consecuencias tienen un impacto en todos los que los quieren, como si fueran granadas de mano que explotan. No tienes que ser tú quien tire de la espoleta para quedar profundamente devastada por la metralla resultante.

No se puede razonar con una persona atrapada en el ciclo de una adicción más de lo que puedes tratar de convencer a una granada de que no explote. Cuando se tira de la espoleta se desencadena una serie de eventos que crean destrucción. La mayoría de las personas que luchan con adicciones plantearán justificaciones irracionales que nunca tendrán sentido. No tienen en cuenta a los demás. Realmente creen que sus decisiones les afectan solo a ellos.

No sienten tu angustia.

No quieren ver tus lágrimas.

Te dirán que el cielo azul es naranja... que el coche naranja es verde... que su vaso está lleno de una cosa cuando tú sabes con certeza que es de otra cosa. Y cuando sus mentiras te golpean sin ni siquiera un gesto de remordimiento por su parte, te preguntas si existe alguna verdad entre ustedes.

Si aceptas lo que dicen, estarás cada vez más convencida de que eres el problema. Si te opones a lo que dicen, se asegurarán de que sientas que eres definitivamente el problema.

En cualquier caso, pierdes.

Y yo estaba perdiendo... mi salud, mi bienestar emocional y, aunque no quería admitirlo, mi matrimonio.

Por lo tanto, la única decisión que tenía que tomar era si perder o no con mi cordura intacta.

Me doy cuenta de que los problemas más graves como la adicción pueden no ser lo que está haciendo que algunas de tus relaciones sean increíblemente desafiantes. Hay muchísimas razones por las que las relaciones pueden empezar a deslizarse de ser saludables a ser enfermizas. O, al menos, pasar de satisfactorias a frustrantes.

Las relaciones son maravillosas hasta que dejan de serlo. Sin embargo, la mayoría de nosotras no estamos tan equipadas como necesitamos para saber qué hacer cuando estamos conscientes de que las cosas tienen que cambiar, pero la otra persona no está dispuesta o no es capaz de cooperar con los cambios necesarios.

O tu reto puede ser con una gran persona, y no sabes cómo abordar algo que te molesta o cómo comunicar la necesidad de un límite.

O puede ser con una persona con autoridad sobre ti y los límites no parecen funcionar.

O con un miembro de la familia que vive en tu casa y, aunque necesites cierta distancia, establecer un límite no te parece muy realista. Todas las relaciones pueden ser difíciles a veces, pero no deberían ser destructivas en lo que respecta a nuestro bienestar. Si tienes relaciones en las que sabes que algo está mal, pero no sabes qué hacer, creo que encontrarás rápidamente la razón por la que necesitas este libro. Entiendo lo que se siente cuando el cuerpo se tensa y el pulso se acelera mientras tu mente le grita a la otra persona: «¡Deja de hacer esto!». Has orado sobre ese comportamiento o situación. Has hablado al respecto. Has tratado de sortear el asunto. Es posible que incluso hayas intentado detenerlo. Sin embargo, al final, nada ha funcionado.

Has llegado a un punto en el que sabes que puedes perdonar a la otra persona. Y puedes amarla. Quieres salvar la relación y llegar a un lugar mejor más que nada. Has hecho cambios. Has escuchado consejos sabios y hecho todo lo que sabes hacer. No obstante, finalmente te has dado cuenta de que si ellos no quieren que las cosas cambien, tú no puedes cambiarlas. Y ahora empiezas a preguntarte en secreto si eres la que está loca.

Amiga, es posible que te sientas abatida. Puede que estés triste. Quizás estés asustada y posiblemente enfadada. Tal vez estés enfocada en tratar de arreglar lo que no está dentro de tu alcance. E incluso puedes estar obsesionada con tratar de entenderlo todo.

Sin embargo, no estás loca. Si huele a humo, hay fuego.

Y la única opción razonable en este momento es o bien apagar el incendio o alejarte del fuego.

Establecer límites puede ayudar a apagar el incendio antes de que consuma todo. Pero si el fuego sigue ardiendo con mayor intensidad, tienes que alejarte del humo y las llamas. A veces, tu única opción es decir adiós.

Espero que pronto veas que los límites no son solo una buena idea, sino que son una idea de Dios. Los límites se encuentran entretejidos en todo lo que Dios ha hecho desde el principio. Llegaremos a eso en los próximos capítulos. No obstante, piensa en esto por ahora: Dios estableció límites, incluso alrededor del mar, durante la creación. El mar sería conocido por las personas que vivían durante los tiempos bíblicos como un símbolo del caos. Por lo tanto, Dios colocó una barrera de arena como el límite del mar para que el caos no pudiera franquearla (Jeremías 5:22).

Cuando el caos abunda, por lo general hay una falta de límites saludables. El caos no debería ser la norma y aunque no siempre podamos cambiar la fuente del mismo, debemos atender a lo que sí podemos cambiar. Por favor, quiero que sepas que no es anticristiano establecer estos parámetros saludables. No es anticristiano exigirles a las personas que te traten de manera sana. Y que nosotras hagamos lo mismo con los demás. No es anticristiano llamar a las cosas equivocadas e hirientes por su nombre. Podemos hacerlo con honor, bondad y amor, pero tenemos que saber cómo detectar la disfunción, qué hacer al respecto y cuándo reconocer que ya no es razonable ni seguro permanecer en algunas relaciones.

Al igual que los otros libros que he escrito, este es un mensaje que necesito inspirar por sobre todo. Todavía me cuesta establecer y mantener los límites. He llegado a comprender que ellos no son un método para perfeccionar, sino una oportunidad de proteger lo que Dios pretendía para las relaciones.

Yo necesito eso y me imagino que tú también.

También abordaremos las despedidas necesarias. Todos tenemos relaciones que no duraron como pensábamos que lo harían. Sin embargo, la mayoría de nosotras encontramos estos finales increíblemente confusos y a veces devastadores. Tal vez te hayas preguntado, como yo, si es posible que una despedida sea buena.

Si tienes preguntas y dudas sobre todo esto, no estás sola.

No obstante, quiero que sepas que en mi propia lucha llena de lágrimas a través de este mensaje, he encontrado un camino hacia adelante. Una manera de amar verdaderamente a los demás sin perder lo mejor de mí.

Quiero reconocer por adelantado que este viaje de establecer y mantener límites saludables no siempre será fácil. Tendremos que examinar algunos puntos difíciles de la disfunción, la angustia e

Cuando el caos abunda, por lo general hay falta de límites saludables.

incluso la desconfianza. Tendremos que comprometernos a levantarnos cada día con un compromiso renovado de evaluar nuestros límites y cómo vamos a asegurarnos de respetarlos con la misma medida de gracia, amor y compasión... para nosotras mismas y para aquellos con los que nos relacionamos.

La compasión es realmente importante para mí cuando estoy procesando los límites. Cuando tenemos una relación difícil o incluso una que no es sostenible, especialmente si hay adicciones de por medio, resulta necesario que haya una medida de compasión. Esto es porque a veces lo que realmente impulsa los comportamientos no saludables en las personas es la vergüenza subyacente o una falta de paz en lo profundo de su ser. Muchas veces son ambas cosas.

No estoy diciendo que por compasión aprobemos o permitamos sus acciones y permanezcamos en situaciones en las que se está infligiendo daño. Sin embargo, lo que digo es que, al dar un paso atrás, podemos considerar tener compasión por lo que sea que haya causado la raíz original de la vergüenza y el caos en su corazón, que luego los llevó a tratar de actuar y reaccionar de maneras tan poco saludables. No queremos que el daño que han causado nos haga traicionar lo que realmente somos. No somos crueles ni mezquinas, así que no queremos incluir nada de eso en nuestro establecimiento de límites.

También quiero tener compasión porque no tengo la vida tan resuelta como para no actuar ni reaccionar de forma poco saludable. Tengo mis propios problemas en los que necesito trabajar y que debo superar con asesoramiento. Y ciertamente, aprender a tener compasión de manera apropiada, sin dejar de tener límites, sigue siendo una de mis mayores lecciones.

Así que si estás lista para trabajar a través de esto, y me refiero a trabajar *realmente* a través de todo esto, entonces yo también lo estoy.

Estamos juntas en esto, y no hay nadie más que prefiera tener a mi lado mientras proseguimos y avanzamos hacia la sanidad y la salud que nuestros corazones anhelan desesperadamente.

Y dicho eso, creo que respiraré profundamente y me iré a tomar otra taza de café. Con gran esperanza en mi corazón, pondré mi Biblia bajo el brazo mientras caminamos juntas.

Una nota de mi consejero, Jim, sobre los desencadenantes

Existen dos tipos de desencadenantes: los internos y los externos. Un desencadenante es un estímulo causado por un pensamiento interno o una acción externa ejecutada por otra persona. Ya sea interno o externo, el desencadenante provoca una reacción que hace que un incidente doloroso del pasado se sienta como si estuviera sucediendo en el presente. Es casi como si nos hubiéramos transportado a la «escena del crimen».

La parte de nuestro cerebro que regula las «emociones» (conocida como el sistema límbico) está diseñada para buscar seguridad y confianza en lo que nos depara el futuro. En otras palabras, el cerebro trata de predecir lo que va a ocurrir a continuación.

Por lo tanto, un desencadenante te pone ansiosa debido a que activa una alarma, haciéndote sentir que algo no está bien o no es seguro.

Sin embargo, el factor desencadenante no es el problema principal, sino el trauma que aún no fue sanado dentro de ti. Cuando se desencadena un estímulo, está apuntando a algo de tu pasado que aún no ha sido sanado dentro de ti o a un nuevo trauma que está sucediendo en el momento presente.

Si está ocurriendo un nuevo trauma y estás en peligro inmediato, tu deseo será ponerte a salvo. Si el desencadenante se debe a un trauma pasado, podemos aprender a no dejarnos atrapar por la ansiedad. Esto requerirá que te remontes a tu pasado para trabajar en lo que aún no ha sido sanado, al mismo tiempo que te mantienes con los pies en la tierra. Detente. Respira y di: «Sé lo que está sucediendo aquí. He estado aquí antes. No estoy en peligro inminente. Hay una salida y puedo buscar ayuda. Puedo dejar que este sentimiento me advierta, pero no tengo que entrar en una espiral de pánico».

Y no importa el desencadenante, recuerda siempre que tienes el poder para crecer en resiliencia. Cuando las cosas a tu alrededor se salen de control, puedes pedir un receso. Puedes retirarte. Puedes buscar a otros para que te ayuden a procesar lo ocurrido. Puedes elaborar un plan. Puedes programar algo en tu calendario que esperes con interés. Todas estas cosas te ayudarán a evitar que te arrastren los sentimientos inseguros y las circunstancias que te están causando dolor y confusión.

Ahora, apliquemos esto...

RECUERDA:

- No se puede construir una confianza que se rompe todo el tiempo.
- No debemos confundir los buenos mandamientos de amar y perdonar con las malas realidades de permitir y encubrir aquello que no honra a Dios.
- La salud no puede vincularse con lo insalubre.
- Todas las relaciones pueden ser difíciles a veces, pero no deberían ser destructivas en lo que respecta a nuestro bienestar.
- Los límites no son solo una buena idea, sino que son una idea de Dios.
- Cuando el caos abunda, por lo general hay falta de límites saludables.
- No es anticristiano exigirles a las personas que te traten de manera saludable.

RECIBE:

«Yo puse la arena como límite del mar, como frontera perpetua e infranqueable. Aunque se agiten sus olas, no podrán prevalecer; aunque bramen, no franquearán esa frontera». (Jeremías 5:22)

REFLEXIONA:

- Describe lo que piensas cuando lees esto: «No se puede construir una confianza que se rompe todo el tiempo».
- ¿De qué manera has creído que es poco cristiano exigirles a los demás que te traten en formas saludables?

ORACIÓN:

Padre celestial, cuando la persona que me hace daño no ve el sufrimiento, las lágrimas ni las emociones que me está provocando, sé que tú sí. Tú me recuerdas que me ves y me amas. No estoy caminando sola. Al comenzar este viaje para descubrir que los límites no son solo una idea humana, sino tuya, sé que me guiarás en cada paso del camino. Mantén mi corazón sensible y humilde, y a su vez firme y abierto, a todo lo que quieras revelarme. Continúa mostrándome lo que tienes para mí personalmente en las páginas siguientes. En el nombre de Jesús, amén.

CAPÍTULO 2

Identifica la tensión con la que todas hemos estado luchando

Ya no sabía qué hacer. No importaba lo mucho que quería que esta amistad funcionara, no lo estaba logrando. Algunas cosas eran buenas. Pero las que no funcionaban se repetían una y otra vez. Estaba gastando tanta energía emocional tratando de evitar otro problema que se estaba volviendo cada vez más difícil incluso disfrutar de los buenos momentos. Habíamos sido amigas desde que éramos niñas, pero nuestras vidas habían tomado rumbos muy diferentes.

Era como ir a la playa con la expectativa de caminar por la arena. Para mí eso es algo muy relajante. No obstante, cuando piso un abrojo, pincha y perturba por un momento la belleza de la playa. Después de dar un salto y quitar el abrojo, camino con un poco más de precaución en los siguientes pasos, pero puedo disfrutar por completo del lugar. Sin embargo, si la arena de la playa estuviera llena de abrojos, dejaría de esperar que fuera suave y en vez de ello me concentraría en evitar lastimarme. La playa sigue siendo hermosa. La arena sigue pareciendo muy prometedora. Pero si la realidad de esa arena resulta ser perjudicial, es razonable en algún punto tener expectativas más realistas. Si los abrojos no se quitan de la arena, entonces caminar por la playa no será una experiencia tranquila. Esto parece muy obvio con relación a los abrojos de la arena.

Era mucho menos obvio en esta amistad. Sabía que había abrojos. Y que estos dolían. No obstante, en lugar de reconocer que el dolor era causado por la presencia de los abrojos, seguí mentalmente castigándome a mí misma por ser demasiado sensible. No puedo imaginarme diciéndole a alguien que pisó un abrojo en la arena que el problema eran sus pies. Y sin embargo, me lo hacía a mí misma cuando las dinámicas relacionales difíciles me herían el corazón.

Y otras veces me enfadaba y me frustraba tanto que intentaba resolver el problema quitando los abrojos individuales de la arena. Sin darme cuenta de que estos mismos abrojos son los que llevan las semillas que hacen que la planta original se reproduzca. En otras palabras, los abrojos se multiplican. Estos no solo no desaparecen por sí mismos, sino que tienden a seguir empeorando. Hay que abordar el origen.

Me ha costado mucho tiempo admitirlo.

Al principio, como he dicho, creía que el problema era yo. ¿Por qué me frustraba tanto? Pensaba que tenía que trabajar en cuanto a mi paciencia. Así que eso hice. Pero las cosas no mejoraron. Entonces, pensé que tenía que trabajar con respecto a mis expectativas. ¿Tal vez eran demasiado altas? Luego descubrí que las expectativas son a veces resentimientos acumulados disfrazados. ¡Ay! Así que cambié mi fraseología de «expectativas» a «necesidades y deseos». Eso ayudó, hasta que dejó de hacerlo.

Entonces pensé que tal vez estaba pasando demasiado tiempo con mi amiga. Pero cuando traté de retroceder en cierta medida, me dijeron que estaba dando muy poco y actuando de forma desconectada. Entonces traté de hacer lo que ella decía que necesitaba, pero sus necesidades cambiaban constantemente. ¿Y qué hay de las mías? No sabía cómo plantear algunas de mis preocupaciones.

Cuando intentaba explicar que algunas cosas debían cambiar, incluso mis mejores puntos sonaban mal. Todo parecía muy racional en mi cabeza antes de la conversación, pero luego la emoción del momento me hacía sonar fatal. No podía seguir el ritmo de la gimnasia mental. Así que terminaba disculpándome y lamentando haber sacado el tema.

Los abrojos no eran solo algo que pisaba de vez en cuando. Ahora se me pegaban regularmente y me pinchaban el corazón incluso después de haber dejado la playa.

Todo seguía girando en mi mente. Me decía a mí misma que era posible resolver esa situación. Pasaba de sentirme enfadada con mi amiga a rabiar conmigo misma. Y luego todo mejoraba un poco. Cuando las cosas iban bien, iban realmente bien. Cuando eran agradables, eran muy agradables. Cuando eran divertidas, eran muy divertidas.

Pero entonces ella volvía a manifestar algunas de sus expectativas durante una llamada telefónica o en una comida juntas, o incluso en un simple intercambio de textos, y yo sabía que el ciclo del caos estaba a punto de regresar. Era como si yo nunca hubiera intentado abordar nada de esto en primer lugar.

Bien, genial, confuso, peor, mucho peor. Me sentía mal conmigo misma. Me sentía mal por ella. Deseaba no sentir nada en absoluto. Miraba al techo. Bueno otra vez, genial nuevamente, confuso de nuevo, peor otra vez y mucho peor otra vez. Me sentía más mal conmigo misma. Y peor con respecto a ella. Deseaba no sentir en absoluto en niveles aún mayores. Miraba al techo. Y así sucesivamente. Durante años.

Al final tuve que darme cuenta de que seguir intentando resolver el problema *era* parte del problema. Se dice que Albert Einstein afirmó: «Si me dieran una hora para salvar el planeta, emplearía cincuenta y nueve minutos definiendo el problema y un minuto resolviéndolo». Yo estaba haciendo lo contrario. Pasaba demasiado tiempo tratando de resolver las dificultades individuales cuando nunca había definido adecuadamente el problema general.

El problema no era que yo tuviera necesidades y deseos que no se satisfacían. Probablemente mi amiga también los tenía. Ni siquiera era que no tratáramos de hablar de cada una de nuestras necesidades y deseos. El verdadero problema fue que empecé a resentirme por la cantidad de acceso emocional a mi vida que le había concedido. Si eres de la clase de persona que le gusta resaltar, subraya con amarillo la palabra *acceso*. Es muy importante. Es especialmente importante si estamos metidas de lleno en una relación cercana y empezamos a sentirnos ignoradas, inseguras, desatendidas, pensando que se aprovechan de nosotras o nos hacen pagar las consecuencias de decisiones que no controlamos.

Sabemos que el acceso debe protegerse cuidadosamente con muchas otras cosas en nuestras vidas.

Sabemos esto con respecto a nuestras casas, autos, cuentas bancarias, cuentas de las redes sociales, e incluso las cuentas de *streaming* que usamos para ver películas. Tenemos llaves. Tenemos contraseñas. Nunca sería prudente concederles acceso a otras personas sin estar seguras de que van a ser apropiadamente responsables con ese acceso. Nunca he escuchado a alguien decir: «Es muy egoísta y poco cristiana por no darles sus llaves y contraseñas a todo su vecindario». Solo porque alguien viva cerca no significa que debamos asumir que será responsable con el acceso completo.

Si le damos a un vecino una llave de nuestra puerta principal, es porque confiamos en que sabe cómo ser responsable con ese tipo de acceso. Y si hay algún indicio de que nuestro vecino no está siendo responsable con el acceso que le hemos otorgado, sabemos que restringirlo es una decisión sabia.

No he sido tan sabia en comprender cómo guardar mi corazón. Tal vez esto ha sido un problema para muchas de nosotras.

Proverbios 4:23 dice: «Por sobre todas las cosas cuida tu corazón, porque de él mana la vida». A menudo he escuchado este versículo enseñado en el contexto de las relaciones de pareja y la pureza. Sin embargo, creo que además se aplica a proteger el acceso a nuestros corazones en otras relaciones también. Es interesante notar que la palabra hebrea para cuidar, *mišmār*, comunica una naturaleza activa de cómo alguien debe cuidar.[1] Esto significa que la acción de cuidar es activa, no pasiva. No tratamos de protegernos *del* amor. Si amamos, nos arriesgaremos a ser heridos. Pero tratamos de protegernos *por* amor. No queremos consumirnos tanto con el dolor y el caos de los patrones de las relaciones tóxicas que nos convirtamos en portadores del dolor humano en lugar de ser un canal del amor de Dios. El amor puede ser incondicional, pero el acceso relacional nunca debe serlo. Dios nos ama, pero ha establecido que el pecado nos separa de él. Cuando Adán y Eva pecaron, ya no se les concedió el mismo tipo de acceso. Lo que comenzó como un gran acceso a Dios, con un límite en el jardín del Edén, cambió debido al pecado. Y a medida que sigo leyendo la Biblia, veo que mientras más aumentaban los pecados de la humanidad, más se disminuía el acceso y más límites se establecían. En el capítulo 2 de Génesis había solo un límite, pero a medida que nos acercamos al final de la ley y los profetas encontramos seiscientos trece.[2]

Luego, a medida que seguimos leyendo la Biblia, el acceso a Dios se volvió más restringido y condicional. Su amor era incondicional, pero el acceso a él no lo era.

Aquí hay algunas escrituras importantes para considerar:

> La mano del Señor
>> no es corta para salvar,
>> ni es sordo su oído para oír.
> Son las iniquidades de ustedes
>> las que los separan de su Dios.
> Son estos pecados los que lo llevan
>> a ocultar su rostro para no escuchar. (Isaías 59:1-2)

> Si en mi corazón hubiese yo mirado a la iniquidad,
>> el Señor no me habría escuchado. (Salmos 66:18,
> RVR1960)

El amor puede ser incondicional, pero el acceso relacional nunca debe serlo.

Observa que tanto la palabra *pecado* como *iniquidad* se utilizan en estos versos. Estoy más familiarizada con el pecado, pero no tanto con la iniquidad. Mientras estudiaba esto, descubrí que la iniquidad apunta al carácter o la motivación de la acción más que a la acción misma. Por lo tanto, no se trata solo de lo que alguien hace o deja de hacer; se trata de lo que sus acciones representan. Creo que aquí es donde las cosas pueden ser muy confusas, cuando sabemos que alguien está haciendo algo que es perjudicial para nosotras, pero no podemos señalarlo como pecado. Incluso esto puede contribuir a que nuestra relación se sienta un poco «apagada», como si algo no estuviera bien. Por eso estoy tan agradecida de que la Biblia también hable de la iniquidad, que entra en los matices de las relaciones humanas que no apuntan claramente al pecado. Vuelve a leer los versículos anteriores y observa que tanto el pecado como la iniquidad tienen consecuencias que cambian el acceso que Dios permite en sus relaciones.

Lo que buscamos son patrones del comportamiento perjudicial y dañino. Una declaración hiriente puede considerarse un error. Sin embargo, un patrón repetido de declaraciones hirientes o de actitudes indiferentes o incluso de expectativas injustas es mucho más que un error. Estos patrones son un mal uso de los propósitos de una relación. ¿Por qué es tan importante entender esto? Porque el mal uso no controlado de una relación puede convertirse rápidamente en abuso.

Un artículo reciente que encontré de Christianity.com resume muy bien esta peligrosa progresión: «La iniquidad continua conduce a deseos irregulares, lo que lleva a una mente degenerada. Romanos 1:28-32 describe esta desviación con detalles gráficos». Cuando abrí mi Biblia para ver lo que decía este pasaje, me sorprendió lo que esta progresión puede llegar a provocar:

El mal uso no controlado de una relación puede convertirse rápidamente en abuso.

Además, como estimaron que no valía la pena tomar en cuenta el conocimiento de Dios, él a su vez los entregó a la depravación mental, para que hicieran lo que no debían hacer. Se han llenado de toda clase de maldad, perversidad, avaricia y depravación. Están repletos de envidia, homicidios, disensiones, engaño y malicia. Son chismosos, calumniadores, enemigos de Dios, insolentes, soberbios y arrogantes; se ingenian maldades; se rebelan contra sus padres; son insensatos, desleales, insensibles, despiadados. Saben bien que, según el justo decreto de Dios, quienes practican tales cosas merecen la muerte; sin embargo, no solo siguen practicándolas, sino que incluso aprueban a quienes las practican.

Sé que esto es algo pesado. Y puedes estar pensando: «Vaya, Lysa, solo estoy tratando de entender algunas dinámicas de las relaciones disfuncionales. Realmente no quiero entrar en todo esto de la iniquidad y el pecado». Puedo sentirme así también. No obstante, resulta crucial entender cómo esto funciona a un nivel bíblico para que podamos cuidar adecuadamente nuestros corazones.

Como dije antes, los límites no son solo una buena idea, sino que son una idea de Dios.

Ya hemos hablado de cómo Dios estableció los límites desde el principio. Sin embargo, ¿qué hay de un ejemplo de Dios estableciendo límites para proteger el acceso? Cuando se construyó el templo, aquellos a los que se les dio el mayor acceso (los sumos sacerdotes) también fueron llamados a los más altos estándares de pureza y responsabilidad necesarios para entrar en el Lugar Santísimo. Si violaban los límites establecidos por Dios y entraban en el Lugar Santísimo sin estar debidamente limpios y purificados, la consecuencia era la muerte.

Cuando Jesús vino a hacer expiación por nuestros pecados, fuimos perdonadas, y también se nos pide que vivamos una vida en la que el perdón se ofrezca y se reciba en nuestras relaciones con los demás. Los pecados continuos y sin arrepentimiento siguen teniendo consecuencias. Dios les ofrece a todas las personas amor, pero no todas las personas tendrán acceso a la vida eterna con él. ¿Por qué? Porque el pecado separa. Así que, si nunca nos arrepentimos de nuestros pecados y no aceptamos el nuevo corazón que viene por causa de la salvación en Cristo, la paga del pecado es la separación eterna de Dios.

Con todo esto en mente, el pecado y la iniquidad no solo causan separación con Dios, sino también entre las personas.

Al igual que Dios, debemos exigirles a las personas la responsabilidad necesaria para concederles la cantidad de acceso que les permitimos tener en nuestras vidas. Demasiado acceso sin la responsabilidad correcta es perjudicial.

Por favor, vuelve a leer la última frase y tómate un momento para asimilarla. Esa es la tensión con la que todas hemos estado luchando en las relaciones que nunca hemos sido capaces de descubrir: concedemos demasiado acceso sin el nivel correcto de responsabilidad.

Sin embargo, piensa en cuánta claridad podríamos tener con solo hacernos estas preguntas: ¿hemos exigido que las personas sean responsables con el acceso que les hemos concedido? ¿Y tenemos las consecuencias adecuadas para ayudarlas a rendir cuentas si violan nuestros límites?

Si les hemos dado un acceso de nivel diez, pero solo están dispuestos o son capaces de tener una responsabilidad de nivel tres, allí reside el verdadero origen del problema. El error que he cometido es intentar que la otra persona aumente su responsabilidad. Y si se niega, me he sentido muy frustrada.

Ahora, en lugar de sentirme frustrada porque no puedo controlar las elecciones de la otra persona, tomo el control de reducir el acceso al nivel de responsabilidad que ellos son capaces de mostrar. Esa solución se llama límite.

Al igual que Dios, debemos exigirles a las personas la responsabilidad necesaria para concederles la cantidad de acceso que les permitimos tener en nuestras vidas.

Establecer un límite es ser lo suficientemente responsable como para reducir el acceso que les concedemos a los demás en función de su capacidad para ser responsables con dicho acceso. Las personas que son irresponsables con nuestro corazón no deberían tener un acceso ilimitado al mismo. Y lo mismo es cierto para todos los otros tipos de acceso: físico, emocional, espiritual y financiero.

Por ejemplo, somos una familia muy unida, y a mis hijas y a mí nos encanta compartir la ropa. Sin embargo, hemos tenido que establecer una nueva política de acceso a nuestros armarios. Pues bien, el acceso de nivel diez (completo) no funcionaba y nos provocaba mucha frustración cuando algo se perdía o volvía dañado. Ahora, si queremos usar algo, enviamos un texto pidiendo prestado un artículo e indicando cuándo se devolverá. Así que, el nivel de acceso a los armarios tuvo que ajustarse con estas directrices puestas en marcha para mantener el respeto y, en última instancia, conservar una dinámica saludable.

O quizás tienes una amiga con la que pasas mucho tiempo y le cuentas detalles sobre situaciones difíciles por las que estás pasando. No obstante, una y otra vez, ella comete el error de compartir esos detalles que no querías contarles a otros. Mientras más sucede esto, más insegura empiezas a sentirte. Incluso cuando abordas el problema, sigue ocurriendo. Así que, si no quieres que se compartan los detalles, tendrás que reducir el acceso que le das a los aspectos más privados de tu vida. Esto puede incluir decidir con antelación sobre qué temas estás dispuesta a hablar cuando se reúnen y procurar no desviarte de esa decisión en un momento de vulnerabilidad.

Las personas que son irresponsables

con nuestro corazón no deberían

tener un acceso ilimitado al mismo.

— Ußo

O tal vez, en tu matrimonio, le has confiado a tu cónyuge la responsabilidad de pagar la factura del seguro del auto cada trimestre. Sin embargo, durante las vacaciones, los teléfonos de ambos son bombardeados de repente con llamadas urgentes porque tu seguro está a punto de ser cancelado por morosidad. Después de una seria conversación sobre lo que podría haber sucedido si hubieran cancelado el seguro, y acerca del hecho de que otras facturas también se hayan retrasado, ambos se dan cuenta de que debes asumir un papel más activo en el pago de las facturas. Obviamente, esto no es algo que rompa la confianza general de tu matrimonio, pero sí arroja luz sobre la realidad de que es necesario hacer un cambio para que las tensiones no sigan aumentando en esta área. No se trata de que tu cónyuge no pueda acceder a las cuentas, pero como ha sido irresponsable con el pago de las facturas, hay que establecer garantías para que ya no se encargue de pagarlas. Eso es un acceso reducido. En última instancia, ambos pueden decidir que es mejor que tú intervengas y programes los pagos del hogar. Entonces tu cónyuge puede crecer y sobresalir y mostrar responsabilidad en otras áreas.

En resumen: Dios estableció los límites para proteger la intimidad, no para diezmarla. Y nosotras debemos hacer lo mismo. Todo este mensaje se trata de cómo hacerlo adecuadamente.

Al cerrar este capítulo, quisiera que sepas tres cosas. En primer lugar, que no estás sola en tus luchas. No he conocido a ninguna persona que haya dominado realmente todo lo que hemos estado hablando. No eres un fracaso en las relaciones solo porque tengas dificultades relacionales. Estás llena de potencial y también lo están aquellos con los que te relacionas.

En segundo lugar, sé que en parte lo que hace esto complicado es que, por lo general, cuando nos damos cuenta de que necesitamos límites, ya nos han infligido dolor. Quiero reconocer tu dolor al igual que quiero que los demás reconozcan el mío. Aunque queremos reconocer el dolor, no queremos utilizar ninguna parte de este mensaje para perpetuar más dolor. Los límites no están pensados para ser un arma, sino que fueron diseñados para darle prioridad a la seguridad en las relaciones.

Y por último, hay una gran diferencia entre las relaciones difíciles y las destructivas. Abordaremos esta importante distinción en capítulos posteriores, pero si estás siendo maltratada, por favor, busca de inmediato la ayuda de profesionales seguros y capacitados.

Si los problemas en tus relaciones se parecen más a huracanes que a abrojos de arena, sé sincera al respecto. Por eso a veces necesitamos límites saludables y a veces necesitamos despedidas. En este libro dejaremos espacio para reconocer y abordar ambos escenarios.

Tú y yo vamos a salir adelante, amiga. Y al final, estaremos más equipadas y deseosas de amar a los demás sin traicionarnos a nosotras mismas en el proceso. Esa es la mejor manera de honrar el diseño de Dios para el amor. Y de eso se trata realmente todo esto.

Una nota de Jim sobre el acceso

Permitirle el acceso a alguien sin necesidad de rendir cuentas acabará provocando el abandono. Si te doy acceso ilimitado a mi vida y no hay responsabilidad, o bien voy a dejar la relación o tú lo harás. Si alguien se comporta mal constantemente, esa persona ya *ha* abandonado la relación. Recuerda: si no tienes reglas claras, si no estableces límites en la relación, entonces serás gobernada por la otra persona. Es posible que no lo sepas.

Ahora, apliquemos esto...

RECUERDA:

- El amor puede ser incondicional, pero el acceso relacional nunca debe serlo.
- El mal uso no controlado de una relación puede convertirse rápidamente en abuso.
- Al igual que Dios, debemos exigirles a las personas la responsabilidad necesaria para concederles la cantidad de acceso que les permitimos tener en nuestras vidas.
- Las personas que son irresponsables con nuestro corazón no deberían tener un acceso ilimitado al mismo.

RECIBE:

Por sobre todas las cosas cuida tu corazón, porque de él mana la vida. (Proverbios 4:23)

Además, como estimaron que no valía la pena tomar en cuenta el conocimiento de Dios, él a su vez los entregó a la depravación mental, para que hicieran lo que no debían hacer. Se han llenado de toda clase de maldad, perversidad, avaricia y depravación. Están repletos de envidia, homicidios, disensiones, engaño y malicia. Son chismosos, calumniadores, enemigos de Dios, insolentes, soberbios y arrogantes; se ingenian maldades; se rebelan contra sus padres; son insensatos, desleales, insensibles, despiadados. Saben bien que, según el justo decreto de Dios, quienes practican tales cosas merecen la muerte; sin embargo, no solo siguen practicándolas, sino que incluso aprueban a quienes las practican. (Romanos 1:28-32)

REFLEXIONA:

- Explica este concepto con tus propias palabras: «El amor puede ser incondicional, pero el acceso relacional nunca debe serlo».

- ¿Cómo sería si les requirieras a los demás el nivel de responsabilidad que se corresponda con la cantidad de acceso que les has dado?

ORACIÓN:

Dios, al procesar las relaciones que han causado daño en mi vida, mantén mi corazón dirigido hacia ti. Recuérdame que los límites están destinados a proteger la intimidad, no a diezmarla. Padre, te entrego mis más profundos temores y ansiedades a causa de mis relaciones difíciles. Confío en que tú me guiarás con claridad para tomar la dirección correcta. Gracias por todo lo que me estás revelando personalmente en este momento. En el nombre de Jesús, amén.

CAPÍTULO 3

No se trata de los problemas, sino de lo que estos representan

Las relaciones a menudo terminan no por las conversaciones que tuvieron lugar, sino por las que eran necesarias, pero que nunca se sostuvieron.

Las conversaciones nos abren el camino para abordar lo que funciona y lo que no. Pero aun más, nos ayudan a establecer patrones saludables en lugar de aceptar los que no lo son. En una secuencia, las relaciones son constructivas en un extremo o destructivas en el otro. Esto es lo que escribí en mi diario:

SALUDABLES   **DISFUNCIONALES**

Constructivas ◆ Enriquecedoras-Satisfactorias-Indiferentes/Estancadas-Difíciles-Perjudiciales ➡ Destructivas

> Las relaciones a menudo terminan no
> por las conversaciones que tuvieron
> lugar, sino por las que eran necesarias,
> pero que nunca se sostuvieron.

Es evidente que hay muchas otras palabras que expresan los diferentes grados a lo largo de esa secuencia relacional. Sin embargo, existe un componente que siempre nos moverá en la dirección negativa de difícil a perjudicial a destructiva.

Se trata de la disfunción.

Y puedo admitir aquí por adelantado... que no es una palabra que me he atrevido a usar mucho con los problemas de relaciones anteriores. Decir «disfunción» solía sentirse tan ofensivo que me ponía inmediatamente a la defensiva. No obstante, ahora he aprendido a permitir que se siente frente a mí, a reclinar mi cabeza y atreverme a considerar algunas cosas. Confesión: tengo disfunciones. Otras personas que conozco tienen disfunciones. Los seres humanos vivos tienen disfunciones. No debería asustarnos reconocer que las disfunciones existen. Sin embargo, debemos preocuparnos cuando alguien vive como si las disfunciones fueran normales.

El simple hecho de ser conscientes de nuestras disfunciones no las soluciona. Si queremos tener relaciones más sanas, también debemos estar dispuestas a abordar las mismas.

¡Ejem! Me estoy señalando a mí misma aquí.

Me acuerdo de una vez que mi hermana vino de visita. Habíamos acabado de hacer unas renovaciones en las que hubo que rehacer parte del cableado de nuestra casa. Por alguna razón, nuestro calentador de agua ya no funcionaba si no se encendían los reflectores traseros de nuestra casa. Así que, si estabas disfrutando de tu ducha caliente y alguien apagaba los reflectores —¡zas!— el agua fría te haría estremecer, chillar y gritar para que alguien de abajo volviera a encender los reflectores.

Ahora bien, entiendo por completo lo que probablemente estés pensando. Seguramente habré llamado a un electricista de inmediato para que viniera a reparar esta evidente y alarmante disfunción del cableado, ¿verdad?

Lo podrías pensar. Pero no.

Solo hice una nota mental para recordarles a todos mis invitados que los reflectores traseros debían estar encendidos, tanto de día como de noche, para que pudieran darse una ducha caliente. He educado a mi familia con respecto a nuestra realidad. Incluso consideré hacer un pequeño cartel para los baños.

Hola, disfunción.

Mi hermana inclinó la cabeza y me dijo: «Lysa, sabes que eso es raro, ¿verdad? Sabes que un electricista podría arreglarlo, ¿verdad?».

Sí y no.

Técnicamente, supongo que sabía que un electricista podría arreglar el problema. Pero esa no fue mi respuesta automática. Llamar a un electricista costaría dinero. Dinero que, a medida que crecían los niños, no teníamos. Así que quedó arraigado en mi interior este proceso de pensamiento de que es mejor ser determinada y sortear los problemas en lugar de pagar para arreglarlos.

No ocurrió nada trágico cuando obtenía el agua caliente de esta manera extraña.

Sin embargo, no se trata solo de los reflectores y el agua caliente. Se trata de lo que la situación de los reflectores y el agua caliente representa.

Se trata de dejar de ser consciente de lo disfuncionales que se han vuelto las cosas y de reaccionar como si algo fuera normal cuando absolutamente no lo es. Disfunción significa que las cosas no funcionan correctamente. En otras palabras, algo se interpone en el camino de cómo deberían funcionar. Por ejemplo, se supone que una madre debe criar a su hijo. Pero existe una disfunción cuando el hijo tiene que criar a la madre. Otro ejemplo es cuando se espera que un cónyuge no solo sea un compañero, sino un salvador del otro cónyuge. O cuando la felicidad de un amigo depende de que otro amigo lo haga sentir bien todo el tiempo.

No obstante, en las relaciones también debemos considerar el papel que juega la distorsión dentro de las disfunciones que se presentan. Me encanta cómo Luis Villareal comenta la conexión entre la disfunción y la distorsión:

> Debido a la caída (Génesis 2—3), todos tenemos algún nivel de distorsión o disfunción. No percibimos, pensamos, sentimos ni nos comportamos de la manera más sana posible en todo momento. Como resultado, distorsiones emocionales como la ansiedad latente, la vergüenza, la baja autoestima, el pesimismo, la depresión y el perfeccionismo (entre otras) interactúan dinámicamente y afectan a las interacciones matrimoniales y familiares.[1]

Y yo añadiría que estas distorsiones pueden afectar todas las relaciones.

Las distorsiones de la realidad alimentan las disfunciones. Nuestros problemas personales no desaparecen mágicamente en las relaciones. A menudo, nuestra falta de autoconciencia choca con la falta de autoconciencia de la otra persona, y tenemos que tomar una decisión. Podemos utilizar este conflicto para hacernos más conscientes de nuestros problemas o ignorar por completo lo que dice la otra persona y seguir erróneamente convencidas de que esto mejorará por sí solo. Sin embargo, no lo hará. Abordar de manera adecuada el problema es saludable. Ignorar el problema aumenta la probabilidad de la disfunción.

En una relación en la que la verdad se manipula, se niega o se omite parcialmente en aras de encubrir ciertos comportamientos que deberían abordarse, las disfunciones no solo pueden ser difíciles, sino que además pueden llegar a ser destructivas. Entonces corremos el riesgo de que se tolere un patrón de disfunciones como algo aceptable, ya que con el tiempo empiezan a parecer menos alarmantes, más aceptables y, finalmente, nuestra versión de lo «normal».

Las distorsiones de la realidad
alimentan las disfunciones.

Y aunque los problemas con mi agua caliente eran más bien un inconveniente, las disfunciones que se escondían en mis relaciones y mi vida podían ser realmente perjudiciales. He cometido el error de gastar innumerables cantidades de energía emocional en tratar de complacer a otras personas, incluso cuando no debía hacerlo. He tratado de arreglar a otras personas. He tratado de cambiarme a mí misma para complacer a los demás y evitar conflictos. He considerado los problemas de los demás como si fueran míos y me he sentido noble por lo leal que soy. He asumido que los demás tenían las mismas definiciones sobre cómo cuidar de la relación, cómo cuidarse mutuamente y cómo ocuparse de los problemas que surjan. Pero lo peor de todo es que me he traicionado a mí misma al saber que algo estaba mal en una relación y dejar que esa persona me convenciera de lo contrario.

¿Recuerdas que en el capítulo anterior dije que finalmente me di cuenta de que había empezado a resentir la cantidad de acceso que le había dado a mi amiga? Definamos un poco más lo que quiero decir con «acceso». No era que estuviera resentida con mi amiga ni con nuestra amistad. Era que estaba resentida con lo que esta amistad me estaba ocasionando. Había permitido que ella tuviera un lugar tan prominente en mi corazón y mi mente que sus palabras y acciones tenían mucho peso. Tanto, que cuando mi amiga era irresponsable con lo que decía o hacía, eso realmente afectaba mi bienestar. Esto me reveló personalmente que tenía algunas tendencias codependientes de las que no me había dado cuenta. En otras palabras, si ella no estaba bien conmigo, me costaba estar bien conmigo misma.

La cercanía que compartíamos comenzó a sentirse insegura cuando ella parecía ansiosa por calificarme según sus opiniones en lugar de escucharme realmente y ayudarme a procesar lo que me estaba pasando. Empecé a salir de casi todas las conversaciones sintiéndome juzgada e incomprendida, y me arrepentía de haber compartido mis luchas con ella. Ella lo llamaba «hacerme responsable de ser una buena cristiana», pero a través de la consejería empecé a ver que esa no era su verdadera intención. En realidad, me obligaba a hacer las cosas a su manera o hacía saber su desaprobación no solo a mí, sino a otros también. Y, al final, me di cuenta de que le había dado demasiado acceso sin exigirle el mismo nivel de responsabilidad. Esa fue una buena revelación. Sin embargo, solo darse cuenta de esto no era suficiente. Tenía que pasar a la acción.

Entonces, ¿cómo definimos y determinamos las responsabilidades de las que hemos hablado tanto?

En medio de la búsqueda de una solución, una amiga me envió este versículo: «En todo tiempo ama el amigo; para ayudar en la adversidad nació el hermano. El que es imprudente se compromete por otros, y sale fiador de su prójimo» (Proverbios 17:17-18).

A primera vista, pensé que el versículo diecisiete solo se refería a que los amigos están contigo en los buenos tiempos, pero puedes contar con una relación sanguínea aunque los tiempos sean buenos o malos. Sin embargo, lo que este versículo puede significar también es que hay algunos amigos que te acompañan tanto en los buenos momentos como en los malos, hasta el punto de que se vuelven tan cercanos a ti como la familia.

Este tipo de cercanía emocional fomenta que cada una de nosotras le conceda un gran acceso a la otra persona. Y eso no es malo. Sin embargo, con esa cercanía o acceso, debes entender lo que cada persona necesita de la otra para continuar con una relación mutuamente saludable y respetuosa. A esto me refiero cuando digo que necesitamos que el nivel de responsabilidad de alguien se corresponda con su nivel de acceso. Tienes que comunicar lo que te hace sentir respetada y no respetada; segura e insegura; saludable y no saludable. Tu definición sobre esto determina lo que necesitas de tus personas más cercanas.

Para mí, esto requiere:

- confianza,
- sinceridad,

- transparencia,
- ternura y
- un enfoque de equipo en el que podamos responsabilizarnos mutuamente y al mismo tiempo mantenernos cerca.

Utiliza mi lista anterior para pensar en lo que significa para ti el acceso responsable.

Después de procesar esto para mí misma, creo que lo que habría ayudado con la amiga que mencioné es que ella hubiera sido más transparente sobre sus propias luchas. Si hubiera compartido sus problemas en lugar de criticarme, podría haber allanado el camino para tener más ternura en nuestras conversaciones. Podríamos habernos sentido más como dos amigas, ambas con problemas, ayudándose mutuamente sin condenación.

Ahora bien, volvamos al pasaje que acabamos de considerar de Proverbios 17 y veamos el versículo 18. Al principio, parece estar desconectado y hasta ser casi contradictorio con el versículo 17. Como si dijeras que apoyes a tu amiga «en todo tiempo», hasta que se encuentre en una situación financiera y tengas que avalar su préstamo del coche, y entonces huyas. Sin embargo, esto no pretende ser una dura contradicción... ni se trata solo de las finanzas. El ejemplo aquí es acerca de un compromiso financiero, pero podemos aplicar este principio a otros asuntos de igual importancia. Las personas de la cultura bíblica se sentirían muy identificadas con el riesgo irresponsable de asumir la deuda de otra persona en detrimento suyo o de su familia.

Derek Kidner, un respetado erudito del Antiguo Testamento, señaló que los versículos 17 y 18 funcionan juntos. Es comprensible querer ayudar a un amigo cercano, pero no es sabio negarse a aplicar la responsabilidad y la razón a esta relación. De lo contrario, podría convertirse en «una garantía a ciegas que puede llevar al receptor a la imprudencia, y a ambos a la ruina».[2]

Préstale mucha atención a la fraseología del versículo 18: «El que es imprudente se compromete por otros, y sale fiador de su prójimo».

Las buenas relaciones requieren

límites saludables.

— *Ujo*

El «imprudente» o el que otorga una «garantía a ciegas», como se menciona anteriormente, no solo se refiere a una persona insensata. También se refiere a una persona que es sabia, pero no está ejerciendo su sabiduría en una relación determinada. Le falta la aplicación del buen juicio, lo que puede ocurrirnos a todos, en especial cuando comprometemos profundamente nuestras emociones en una relación. «Aunque a veces puede ser muy difícil decirles "no" a las personas que necesitan ayuda, un acuerdo imprudente sigue siendo imprudente aunque sea difícil negarse a participar».[3]

Del mismo modo, permitir el acceso imprudente sigue siendo imprudente, incluso si es difícil trazar un límite.

Por lo tanto, lo que realmente quiero que nos llevemos de aquí es lo crucial que resulta exigir una responsabilidad adecuada y aplicar la razón a todas nuestras relaciones. No dejamos a la razón fuera de nuestras relaciones. Aplicamos la razón a nuestras relaciones. Y entonces podemos cultivar relaciones responsables.

¿Y no es eso lo que todas queremos? Las buenas relaciones requieren límites saludables. Y en el próximo capítulo descubriremos que los límites saludables requieren consecuencias apropiadas. Se trata de perseguir el bien para ti, para mí y para todas nuestras relaciones. Ahora, si me disculpas, voy a llamar a mi electricista.

Una nota de Jim sobre cómo identificar la disfunción

1. Es importante ser capaz de darle una mirada honesta a la disfunción actual. A menudo, es útil que un consejero u otra persona sabia te ayude a ver lo que tal vez no puedas ver o identificar por ti misma. Proverbios 20:5 dice: «Los pensamientos humanos son aguas profundas; el que es inteligente los capta fácilmente».

2. A veces tendrás que explorar la dinámica de tu familia de origen, las experiencias de la infancia y otras cosas. Esto incluye evaluar tanto los hechos como el impacto de tu historia de vida. Recuerda identificar, no culpar, a cualquiera que haya estado involucrado en tu pasado. Un ámbito seguro para hacerlo es con un consejero profesional, el cual sabe cómo ayudarte a entender mejor de qué manera te afectaron las reglas con las que creciste y los papeles que debías desempeñar y pueden estar llevándote a considerar normales algunas cosas que son disfuncionales.

3. Considera estas preguntas:
   - ¿En qué aspectos estoy desalineada con lo que *quiero* que sea verdad en mi vida y lo que *realmente* es verdad?
   - ¿En qué parte de mi vida estoy cargando una cantidad inusual de estrés relacional? (Piensa en cuando tu boca dice que sí, pero tu cuerpo o la capacidad emocional dice que no).
   - ¿Estoy tratando de adormecer el dolor relacional en mi vida?
   - ¿Siento la necesidad de encubrir o minimizar los comportamientos de alguien de mi familia porque eso es lo que hacemos?
   - ¿En qué aspectos de mi vida estoy desalineada con mis valores personales?

Ahora, apliquemos esto...

RECUERDA:

- Las relaciones a menudo mueren no por las conversaciones que tuvieron lugar, sino por las que eran necesarias, pero que nunca se sostuvieron.
- Las distorsiones de la realidad alimentan las disfunciones.
- Cuando la verdad se manipula, se niega o se omite parcialmente en aras de encubrir ciertos comportamientos que deberían abordarse, las disfunciones no solo pueden ser difíciles, sino que pueden llegar a ser destructivas.
- Necesitamos que el nivel de responsabilidad de alguien se corresponda con su nivel de acceso.
- Las buenas relaciones requieren límites saludables.

RECIBE:

En todo tiempo ama el amigo;
para ayudar en la adversidad nació el hermano.
El que es imprudente se compromete por otros,
y sale fiador de su prójimo. (Proverbios 17:17-18)

REFLEXIONA:

- Al leer este capítulo, ¿qué conversaciones te vienen a la mente que tal vez necesites iniciar con las personas que forman parte de tu vida? No intentes iniciar todas las conversaciones al mismo tiempo. Prioriza las tres más importantes que sepas que hay que tener cuanto antes. Prográmalas con tiempo entre ellas para procesar, orar y llegar a un buen punto emocional.
- «Las buenas relaciones requieren límites saludables». Enumera algunos límites saludables que ya tienes en tus relaciones.

ORACIÓN:

Dios, ayúdame a no evitar o volverme insensible a la disfunción que puede estar presente en algunas de mis relaciones. Incluso cuando nombrarla, abordarla o enfrentarla me parezca abrumador o hasta imposible, recuérdame que no estoy sola. Tú estás conmigo. Dame el valor para tener las conversaciones necesarias. Te pido sabiduría y discernimiento para que me mantenga lo suficientemente sensible para darles a las personas adecuadas el acceso correcto, pero lo suficientemente firme para reducir el acceso que les he dado a las personas que no son responsables o dignas de mi confianza. En el nombre de Jesús, amén.

Dios se toma muy en serio las violaciones de los límites y nosotras deberíamos hacerlo también

A veces los límites funcionan. Y otras veces no.

Voy a admitir algunas cosas de las que no estoy muy orgullosa. A veces mis límites no funcionan. Y es por mi culpa. He aquí la razón:

- Me he preocupado más por atender las necesidades de los demás, hasta el punto de no siempre saber lo que necesito. Recuerdo, en una de las peores traiciones que he vivido, abrazar a la persona y decirle que lo que ella necesitaba en ese momento era lo más importante. Y luego me fui al baño e hiperventilé.

- He recompensado a los demás por no respetar mis límites. Esta es la frase clásica que he utilizado: «Pero esta vez no lo decían en serio. Me esforzaré para quererlos más y las cosas mejorarán».
- Insinúo el establecimiento de un límite en lugar de afirmarlo claramente. Si no estoy convencida de mis límites y de lo perjudicial que es que alguien me lleve más allá de estos, seré débil al momento de comunicarlos. Si no me tomo en serio el hecho de que los límites son necesarios, no puedo esperar que los demás me tomen lo suficientemente en serio como para respetarlos.
- Creo erróneamente que cuando alguien me rechaza es un indicador de que estoy haciendo algo mal. No me gusta el drama y las complicaciones que puedan surgir cuando establezco un límite y la otra persona sigue pidiéndome cosas que no están en consonancia con ese límite. O simplemente lo ignoran. Y cuando lo hacen, mi inclinación natural es asumir la culpa.
- Me dejo arrastrar a debates sobre los límites. Mi consejero suele recordarme: «Los adultos informan. Los niños explican». Eso se me olvida. Y cuando lo olvido, siento que tengo que demostrar que no estoy haciendo nada malo al establecer un límite. A veces, la otra persona me convence de que el límite es el verdadero problema y que las cosas nunca mejorarán mientras el límite esté vigente.
- En ocasiones no encuentro la fuerza para mantenerme firme con aquellos que me conocen a mí y a la persona con la que he establecido un límite. Cuando otros justifican o minimizan el comportamiento de esta persona, mantener el límite puede resultar doblemente difícil. Si los demás no se sienten amenazados o provocados por el comportamiento de esta persona, entonces pueden acusarme de sacar más provecho de esta situación de lo que «debería». Por lo general, se trata de personas que se sienten un poco molestas o frustradas por el límite y prefieren que yo ignore los problemas en cuestión en lugar de abordarlos. Esto puede ocurrir a menudo en las

fiestas, cuando tu familia quiere que todos se reúnan, pero tú tienes establecido un límite necesario con alguien cuyo comportamiento ya no estás dispuesta a tolerar. O puede ocurrir en el trabajo, cuando se espera que «dejes a un lado los asuntos personales», pero a veces los asuntos profesionales se convierten en violaciones personales.

Además de todo esto, a veces mi diseño emocional también influye en mi resistencia a mantener los límites. Estoy programada para querer la paz. Quiero que todo el mundo esté tranquilo, feliz y estable. Cualquier cosa que parezca perturbar la paz me molesta. Por lo tanto, si alguien se ve agravado o enfadado o incluso actúa de una manera que me hace dudar de mis límites, puedo sentirme tentada a ceder. A dejar a un lado el límite. A olvidar la consecuencia. A restablecer el nivel de acceso de alguien sin recordar la necesidad de que sea responsable. Es como si tuviera amnesia temporal y empezara a pensar que el *límite* está obstaculizando la paz en lugar de recordar que es la única oportunidad de lucha que tenemos para recuperar nuestra paz.

Confía en mí. Si alguien te exige que abandones un límite o trata de seducirte y convencerte de que ya no es necesario, ten cuidado. Las personas que son genuinas y honestas no se empeñan en convencerte de lo buena gente que son. Proverbios 31:30 nos recuerda que «engañoso es el encanto».

Sé todo esto. Y aun así, a veces puedo desear con tanta desesperación que las cosas vayan mejor que trato de reformular la realidad y convencerme de que la persona ha cambiado cuando no es así. Mi confusión, mi agotamiento o mi compasión pueden hacer que quiera ceder.

Incluso cuando la realidad de la vida grita que no. Incluso cuando sé que estoy rescatando y no debería hacerlo. Incluso cuando me duele. Incluso cuando no es saludable para mí. Incluso cuando, basándome en experiencias pasadas, sé que decir que sí a corto plazo provocará una dinámica extremadamente difícil a largo plazo.

Aun así, me encuentro cediendo.

Y cuando cedo, el límite que tanto me costó establecer se convierte en una sugerencia pasiva o una amenaza que nunca tuve la intención de cumplir. ¡Ay! Entonces, no solo me siento frustrada por la falta de respeto de esa persona, sino que me siento doblemente frustrada por mi propia incapacidad de respetarme a mí misma.

Cuando permitimos que se viole un límite, se valida el mal comportamiento.

Este es el ciclo del *mal establecimiento de los límites*: sé que es necesario un cambio. Establezco un límite con una consecuencia. No obstante, si mi motivación es controlar, manipular o castigar a la otra persona, ya me estoy preparando para el fracaso. E incluso si mi límite tiene la motivación correcta de tener un mejor control sobre mí misma, si no tengo consecuencias establecidas para las violaciones de los límites, nunca aplicaré esas consecuencias. Por lo tanto, el límite se viola. No aplico las consecuencias. El límite se vuelve a violar. Me enfado, pero de nuevo no aplico las consecuencias. La otra persona sigue insistiendo. Quiero creer que esta vez será mejor, así que cedo y dejo a un lado el límite. El mal comportamiento no mejora y a menudo empeora con el tiempo. En mi corazón se acumulan los resentimientos. Ahora no solo estoy frustrada, sino también enfadada. Digo cosas que no debería decir. Hago cosas que normalmente no haría. Entro en el ciclo enloquecedor de intentar conseguir que la persona cambie, y a la larga la situación se vuelve tan exacerbada que no solo *cedo*, sino que *me rindo*.

Y al final, me siento como un fracaso, porque parece que no pudiera hacer que el límite funcione. O simplemente pienso siempre mal de la otra persona y la califico con palabras como *imbécil, ridículo, engreído, loco, imposible, demasiado, muy exigente, muy sensible, muy abrumador* o *muy egoísta*. Cada futuro pensamiento sobre esta persona se basa en las peores experiencias que hemos tenido. Entonces se vuelve incómodo cuando mencionan el nombre de esa persona. Me muerdo la lengua, pero por dentro hay un montón de cosas que podrían salir.

Cuando permitimos que se viole un límite, se valida el mal comportamiento.

Nada de esto es saludable. No para mí. No para el otro. Ni para las demás personas que nos rodean. Es entonces cuando fácilmente podemos empezar a acumular resentimientos que en algún momento saldrán a la luz. Y, como ya hemos establecido, la ausencia de límites significa la presencia de caos.

Así que, como dije, a veces los límites no funcionan... por culpa mía y de mi enfoque. Es importante para mí aceptar esto y luego hacer el arduo trabajo de cambiar la forma en que pienso sobre los límites. Y *es* un trabajo difícil. Es un trabajo meritorio, pero no es fácil. Si te sientes identificada con cualquiera de los puntos anteriores, quiero reconocer plenamente contigo que esto puede sonar mucho más ordenado al leerlo que al ponerlo en práctica. Es por eso que a lo largo de este viaje tenemos que seguir recordando que los límites *saludables* tienen su origen en Dios y son modelados por él. Tendremos mucha más confianza en cómo manejar la violación de un límite cuando sintamos la validación a partir de los ejemplos de Dios.

Dios se toma muy en serio las violaciones de los límites. Y nosotras deberíamos hacer lo mismo. En Génesis 2, vemos la evidencia de cuán importantes son los límites cuando Dios les dio a Adán y a Eva el único límite de no comer del árbol del conocimiento del bien y del mal. Hay algunos hechos significativos a los que deberíamos prestarles atención:

Los límites definen y protegen la libertad. Cuando Dios estableció el límite, habló en el contexto de la libertad. Él no estaba tratando de ser cruel con Adán y Eva. Trataba de proteger su libertad. Antes de comunicar el límite en torno al único árbol que debían evitar, Dios le dijo a Adán: «Puedes comer de todos los árboles del jardín» (Génesis 2:16). Dios también mantuvo su comunicación muy simple. Definió que eran libres de hacer una cosa, pero no la otra. Si violas este límite, hay una consecuencia.

El acceso requiere responsabilidad. ¿Recuerdas esas tres palabras de las que hemos hablado antes: *acceso, responsabilidad y consecuencia*? Adán y Eva tenían un gran acceso a Dios y al jardín. Y tenían una gran responsabilidad vinculada a ese acceso. En Génesis 2:15, se les dijo a Adán y a Eva que debían cuidar el jardín. «Dios el Señor tomó al hombre y lo puso en el jardín del Edén para que lo cultivara y lo cuidara». A primera vista, podemos leer esto como que debían ser jardineros y cuidadores del jardín del Edén. Curiosamente, la misma palabra *cuidar* en hebreo, *samar*, también puede traducirse como «guardar» o «proteger». La misma se utiliza para los sacerdotes que cuidaban y protegían el templo (Números 3:38; Números 18:7). También se usa para los levitas que debían hacer guardia en la torre de vigilancia (Nehemías 13:22). Esto nos ayuda a ver que Adán y Eva en el jardín eran mucho más que simples «jardineros». Eran guardianes y protectores del espacio sagrado que Dios les dio.[1] Lo mismo ocurre con nosotras. Debemos guardar y proteger nuestros corazones y nuestras mentes para asegurarnos de mantener el bien dentro y el mal fuera. Debemos guardar y proteger nuestro testimonio y asegurarnos de que nuestras vidas produzcan el fruto del Espíritu de Dios en nosotras. Y debemos guardar y proteger nuestro llamado a amar a Dios y a nuestro prójimo. (Nota personal: no dice amar a Dios y darles acceso a las personas).

El quebrantamiento de los límites produce consecuencias. Cuando Adán y Eva violaron el límite, hubo consecuencias. Y una de esas consecuencias fue que Dios redujo el acceso a él y los sacó del jardín. Ellos no fueron responsables con su acceso, así que este fue drásticamente afectado. No fueron responsables con su libertad, por lo que esta se vio afectada. No fueron responsables con la única regla que Dios les había dado. Eso hizo que fueran necesarias más reglas. En Génesis vemos que a Adán y a Eva se les dio un límite. Cuando leemos la ley y los profetas encontramos cientos de límites que Dios estableció para nosotros, pueblo «terco» y «altivo» (Éxodo 32:9, Deuteronomio 9:6; 2 Reyes 17:14; 2 Crónicas 30:8; Nehemías 9:16). Él nos ama incondicionalmente y no tolerará nuestro pecado. Ambas cosas son verdaderas con Dios y ambas pueden ser verdaderas en nuestras relaciones también. Él es un Dios de gracia, pero su gracia estaba allí para guiar a su pueblo a un mejor comportamiento, no todo lo contrario. Y lo mismo debería ser cierto también con respecto a nuestra gracia.

Las consecuencias deben ser para la protección, no para el daño. Cuando Adán y Eva fueron expulsados del jardín, nunca más se les permitió regresar. De hecho, Dios puso ángeles en la entrada para vigilar y evitar que volvieran. Aunque esto pueda parecer cruel o demasiado duro, había razones buenas y necesarias para que este límite fuera tan distintivo como un muro. Si a Adán y a Eva se les hubiera permitido volver al jardín, habrían tenido la tentación de comer una vez más del otro árbol en el centro del jardín, llamado el árbol de la vida. Este perpetuaría su estado por toda la eternidad. Cuando Adán y Eva no habían pecado, era algo grandioso. Pero ahora que habían comido del árbol del conocimiento del bien y del mal, el pecado había entrado y sus seres ya no eran perfectos. Llevaban consigo las consecuencias del pecado. Estaban en proceso de muerte. Comer del árbol de la vida en ese estado los habría perpetuado por toda la eternidad en el pecado, la depravación, la decadencia y, por tanto, en la separación eterna de Dios. Así que Dios no solo limitó, sino que les impidió a Adán y a Eva el acceso al jardín y al árbol de la vida para protegerlos, no para ser cruel con ellos. Fue la severidad de la violación de los límites lo que requirió la gravedad de la consecuencia. Hablaremos más de esto en los capítulos venideros. Sin embargo, es importante tener en cuenta que la consecuencia debe servir para protegerte a ti y, si es posible, a la relación, no para producir más daño. Adán y Eva tuvieron que sufrir la consecuencia impuesta por Dios, pero él no los abandonó, como pronto veremos.

Queremos recordar por qué necesitamos el límite, así que mantendremos el límite y su protección en su lugar. Me ha llevado mucho tiempo darme cuenta de que cada vez que establezco un límite y luego hago excepciones a la hora de mantenerlo, el ciclo del caos trata de absorberme de nuevo. Si no estoy dispuesta a aceptar el comportamiento que me llevó a trazar el límite en primer lugar, me molestará aún más cuando vuelva a surgir. Imagina una pelota de playa que se mantiene bajo el agua. Cuando la fuerza externa que la mantiene bajo control en el agua se retira, la pelota no solo flota hasta la superficie. Ella explota. Esa es una buena descripción gráfica que mi consejero, Jim, me dio mientras procesaba toda esta cuestión. Lo más probable es que, sin un límite, a menos que se hayan hecho cambios saludables por parte de la otra persona, la disfunción resurgirá y posiblemente incluso explotará en la superficie.

Los cambios saludables en alguien no pueden medirse solo por las palabras que dice. Debe haber evidencia de cambios en la manera de pensar, cambios de hábitos, cambios de comportamientos, cambios de reacciones y cambios en los patrones de conducta demostrados de forma constante durante un largo periodo de tiempo. ¿Cuánto tiempo? Tanto como haga falta.

Permíteme compartir contigo una descripción gráfica más que podría ayudarte a ver lo que a menudo sentimos en las relaciones difíciles, pero que nos cuesta expresar con palabras. Cambiar un comportamiento externo sin cambiar el problema interno que está impulsando tal comportamiento es como pintar una casa cuyos cimientos se están desmoronando. Desde la calle, la casa puede parecer impresionante. No obstante, si intentas vivir en esa vivienda, no solo será molesto, sino que con el tiempo podría ser muy peligroso.

Hace unos meses, Brooke y Nick (mi hija menor y su esposo) estaban buscando mudarse a un barrio encantador con casas antiguas para principiantes llenas de carácter y atractivo exterior. Si uno estaba dispuesto a invertir en la renovación, estas casas tenían un gran potencial. El problema era que muchas parejas jóvenes se sentían atraídas por esta zona, pero había muy pocas casas en venta. Varias viviendas se vendían a las pocas horas de salir al mercado. Como Brooke y Nick aún no se habían mudado a esa ciudad, se perdieron algunas casas realmente buenas, porque no pudieron llegar para verlas lo suficientemente rápido. Así que cambiaron de táctica y decidieron que tendrían que hacer una oferta por la siguiente casa atractiva solo después de mirar las fotos en Internet.

Unos días más tarde, salió a la venta un adorable bungaló. Yo estaba con ellos cuando aparecieron las fotos en un sitio web inmobiliario, y la casa se veía increíble. El encanto de este lugar al instante nos atrajo, y el precio era sorprendentemente asequible. En el exterior, todo se veía absolutamente asombroso, ¡del material del que están hechos los sueños de una primera casa!

Todos estuvimos de acuerdo en que era necesario hacer una oferta si querían tener la oportunidad de comprarla. Brooke y Nick llamaron al agente de bienes raíces, realizaron la oferta e hicimos planes para ver la casa al día siguiente. Nos quedamos bastante desanimados cuando no habíamos recibido respuesta de los vendedores en el momento en que llegamos a la casa menos de veinticuatro horas después. Y no era ideal que estuviera lloviendo a cántaros, así que no podíamos pasar tiempo mirando el patio. Sin embargo, los animé diciendo que mirar una casa en un día de lluvia es en realidad algo bueno, ¡porque si hay problemas de humedad, quieres verlos antes de comprarla!

Nunca ha sido más cierta una afirmación que cuando bajamos al sótano de esta adorable casa. Jamás he visto tanta agua salir de las paredes del sótano como la que vi ese día. Hablamos de agua que salpicaba, al punto de que podrías haberte puesto debajo de cualquiera de las goteras y lavado el pelo y al perro al mismo tiempo. En realidad, había tanta agua que una familia entera, más sus perros y sus abuelas, podrían haber chapoteado en ese sótano.

Brooke y Nick no tardaron en rescindir su oferta. Ningún encanto exterior podría compensar los problemas de cimiento que había que arreglar en el interior. La pintura es bella a menos que sea una máscara que oculte graves problemas subyacentes.

De la misma manera, los cambios de comportamiento son buenos salvo que sean una actuación temporal con una recaída a la espera de ocurrir. Como mencioné anteriormente, Proverbios 31:30 nos advierte que «engañoso es el encanto». Es muy fácil ser encantada para abandonar un límite. Podemos tener unos días buenos o incluso unos meses buenos en los que parece que las cosas van mejor. Pero recuerda, sé honesta sobre lo que realmente está ocurriendo. No sigas excusando los patrones de comportamientos negativos o destructivos o las adicciones como si fueran solo deslices ocasionales y errores aislados. Hay algo más profundo en el pensamiento fundacional y el procesamiento de alguien que te ha estado hiriendo con sus malas decisiones una y otra vez. «Las cosas están mejor» no es lo mismo que «hubo sanidad en nuestra relación».

Si abandonamos nuestros límites demasiado pronto, tratar de resucitarlos cuando vuelva el caos será cada vez más difícil. Y la carga constante de emociones devastadoras se volverá cada vez más dañina. Intentar salvar una relación excusando los límites es como tratar de salvar una casa con un sótano inundado haciendo cada vez más agujeros en los cimientos.

Pregúntame cómo lo sé. Pregúntame cuántas noches he llorado hasta quedarme dormida, sintiendo el peso imposible de querer que la otra persona coopere con los límites necesarios solo para que los viole una y otra vez.

A veces me lleva mucho tiempo reconocer la realidad. Y eso es lo que me ha pasado en las relaciones. Ser leal y esperar que las cosas mejoren no es un mal rasgo hasta que la esperanza frustrada comienza a afligir mi corazón (Proverbios 13:12).

Publiqué esta pregunta en Instagram la otra noche: «¿Por qué una bandera tiene que estar literalmente en llamas para que yo incline la cabeza y diga que es posible que sea roja?». Si es roja, es roja. Si las acciones de alguien hacia mí me hieren, me hieren. Si es preocupante, es preocupante. Si está mal, está mal. Y debemos estar dispuestas a conceder gracia por los errores. No obstante, si los problemas persisten y son continuamente dañinos, debemos reconocerlo y actuar en consecuencia. No es que no queramos orar, tener esperanza o desear cambios positivos en la vida de la otra persona. Pero no queremos volvernos tan ansiosas y estar tan comprometidas con su salud que nos quedemos sin comprometernos con la nuestra.

Sé que lo he dicho antes, y probablemente lo diré muchas más veces (¡sobre todo porque tengo que predicarle esto a mi yo Pollyanna todo el tiempo!): cuando establezco límites saludables estoy luchando por la relación. Es por el bien de los otros y por el mío. Aflojar mis límites y permitirles dañar la relación y perjudicarme no es ayudarlos. No estoy honrando a Jesús cuando permito que la otra persona actúe de una manera en la que Jesús nunca lo haría.

Sí, Jesús dio su vida por los pecadores, pero no para que pudieran seguir pecando. Fue con un propósito santo que conducía a la plenitud, la sanidad y la salvación de sus almas. Jesús no fue permisivo con las personas. Jesús no les rogaba. Jesús no aceptaba excusas por el pecado ni dejaba a las personas libres de culpa porque eran mayormente buenas. No, él les ordenó que dejaran sus vidas pecaminosas. (La mujer que perdonó y rescató de ser apedreada en Juan 8). Acusó a los fariseos por sus actitudes duras, degradantes y críticas. (Aquellos que ocultaban su propio pecado mientras querían apedrear a la mujer que había pecado, también en Juan 8). Le dijo al joven rico que se despojara de lo que lo controlaba y lo retenía (Mateo 19). Jesús procuraba estar a solas con el Padre, incluso cuando la multitud tenía necesidades y acudían a él (Lucas 5).

Y lo más revelador de todo es que, aunque Jesús sentía compasión por todos y les ofreció la salvación a todas las personas, los que rechazan su don y se niegan a reconocerlo como su Salvador no entrarán en el cielo. Ahí está de nuevo: el acceso requiere responsabilidad. El rechazo de esa responsabilidad requiere una consecuencia. Esto se establece así por razones sagradas y honorables.

Así que, si trazamos un límite y alguien dice que no estamos «actuando como Jesús», podemos ciertamente examinarnos a nosotras mismas: nuestro tono, nuestras palabras y nuestras acciones. Sin embargo, recuerda considerar la fuente de esa afirmación. El problema no es el límite, es que la otra persona no lo respeta.

Jesús dio su vida por los pecadores, pero no para que pudieran seguir pecando.

Antes de cerrar este capítulo, quisiera hablarle con ternura a tu corazón. Solo tú y yo. Vas a lograrlo. Y yo también. Pero va a ser difícil. Realmente duro. Me gustaría mucho estar junto a ti, susurrándote una charla motivacional al oído la próxima vez que alguien te hiera y trate de hacerte sentir como loca. Y desearía que tú hicieras lo mismo por mí cuando necesite que me recuerden estas verdades, porque seguramente necesitaré que me prediquen con estas mismas palabras que he escrito.

Hace unas noches, me hubiera gustado tener una pequeña teleconferencia contigo. Estaba llorando. Uno de esos llantos espantosos luego de los cuales amaneces con los ojos hinchados. Tenía muchas esperanzas de que una conversación con alguien con quien había establecido límites daría resultado. Los límites parecían haber funcionado. Quería tener más interacción con la persona. Me había mantenido firme durante mucho tiempo y esta persona parecía haber sido muy sincera en su promesa de que había cambiado. También se comprometió a ser amable y a escuchar sin atacarme si yo estaba dispuesta a tener una conversación cara a cara. Así que acepté.

Y solo tardé unos treinta minutos en darme cuenta del error que había cometido.

Me sorprendió cuán bien comenzaron las cosas, pero rápidamente se volvieron escabrosas.

Me sentí muy tonta.

Me sentí asustada.

Me sentí perdida en toda la confusión que se arremolinaba en sus acusaciones contra mí y sus grandes afirmaciones sobre lo mucho que Dios estaba con ella y cuánto estaba orando por mi frío corazón.

Ningún otro ser humano con el que compartía mi vida cotidiana habría estado de acuerdo con lo que esta persona estaba diciendo sobre mí, pero sus palabras tenían tal peso que cada sílaba caía como una daga directamente en mi corazón.

Entonces llegó ese momento en el que pensé: *Soy muy idiota. Los límites no funcionan.* Sin embargo, entonces ocurrió algo sorprendente. Aunque estaba temblando por dentro, no me hundí hasta el nivel de devolver odio por odio. O acusación por acusación. En cambio, le dije que lo que estaba haciendo no era aceptable y que no le permitiría venir a mi casa hasta que dejara de tener un comportamiento dañino.

Y funcionó.

No, no cambió en el acto.

No, no reconoció que lo que estaba haciendo no era saludable.

No, no se disculpó ni reconoció cómo sus acciones me estaban dañando.

Pero la persona se fue. Y aunque lloré mucho después, me di cuenta de que nunca había perdido el control de mí misma en medio de la confrontación. Y eso era una gran victoria.

No soy un fracaso en cuanto a los límites. Tú tampoco lo eres. Estamos en proceso. Y eso, amiga mía, es uno de los lugares más saludables en los que podemos estar. Recuerda, los límites no van a arreglar a la otra persona. No obstante, van a ayudarte a mantenerte enfocada en lo que es bueno, lo que es aceptable y lo que necesitas para mantenerte saludable y segura.

No puedo estar allí para susurrarte todo esto al oído. Pero sí seré la amiga que te entienda la próxima vez que nos reunamos para procesar todo esto. Te quiero...

Los límites no van a arreglar a la

otra persona. No obstante, van a

ayudarte a mantenerte enfocada

en lo que es bueno, lo que es

aceptable y lo que necesitas para

mantenerte saludable y segura.

— uys

Una nota de Jim sobre la diferencia que existe entre los límites saludables y los perjudiciales

Dediquemos un momento a analizar las diferentes motivaciones, mentalidades, enfoques y resultados potenciales de los límites saludables y los perjudiciales.

Límites saludables = Me concentro en lo que hago

Motivación ➜ Autocontrol

Mentalidad ➜ Soy responsable de mis acciones.
- Controlo *mi* comportamiento.
- Soy dueña de las acciones que elijo.

Enfoque ➜ Me enfoco en mi cuidado personal, seguridad, cordura y en otras áreas de mi vida que puedo controlar.

Resultado ➜ Acepto que soy impotente para controlar a otras personas. En su lugar, utilizo mi energía para limitar mis interacciones con las personas difíciles, me alejo de las relaciones destructivas y procuro amar bien a las personas en mis relaciones saludables que merecen lo mejor de mí.

Límites perjudiciales = Me concentro en lo que hace la otra persona

Motivación ➜ Controlar o castigar a la otra persona para conseguir lo que necesito.

Mentalidad ➜ Quiero que hagan algo diferente de lo que están haciendo.

- Tengo que cambiar *su* comportamiento. O bien, soy responsable de ayudar a controlarlo.
- Soy dueña de las acciones que eligen.

Enfoque ➜ Estoy hiperenfocada en la otra persona mientras negocio constantemente con ella y trato de motivarla (a veces manipulándola) para que haga lo que considero correcto y obtener de ella lo que siento que debo tener.

Resultado ➜ Un ciclo frustrante en el que intento controlar las disfunciones inmanejables hasta que estoy completamente exhausta, enferma y amargada. Las relaciones ya no son una fuente de satisfacción y plenitud, sino un drenaje constante de mis emociones agotadas.

Algunas formas en que esto puede desarrollarse en escenarios cotidianos:

Escenario: Alguien de tu grupo de amigas está publicando cosas en las redes sociales que realmente te molestan.

Un límite perjudicial: Le digo que si no deja de publicar esos mensajes, voy a empezar a debatir con ella en los comentarios y a publicar cosas en mis redes sociales para corregirla públicamente.

Un límite saludable: Puedo, con amor, mencionar mis preocupaciones, pero sin tratar de controlar lo que ella publica o avergonzarla en público. Si continúa, puedo silenciar su cuenta en las redes sociales. Este puede ser un mejor primer paso que dejar de seguirla, pero si lo más apropiado es eso, entonces puedo tomar esa decisión.

Escenario: Hay un fuerte desacuerdo entre tú y un miembro de la familia.

Un límite perjudicial: Reúno a otras personas de mi lado para convencer al miembro de la familia de que debe cambiar sus actitudes y acciones hacia mí. Creo que si consigo que un número suficiente de personas estén de acuerdo conmigo, entonces todos podremos presionarlo lo suficiente para que también concuerde.

Un límite saludable: Me concentro en lo que puedo hacer para controlar mis propias emociones y respuestas a este desacuerdo. Si necesito procesarlo con otros, puedo elegir no participar en conversaciones que fomenten mi espiral emocional. Discutir la situación con algunos consejeros de confianza puede ser saludable. Hablar con cualquiera que solo quiera los detalles más jugosos es una calumnia y me conducirá a un pozo de chismes.

Escenario: Un compañero de trabajo te pide una vez más que realices una tarea por él, la cual se ha convertido en una emergencia debido a que ha fallado en la planificación.

Un límite perjudicial: Hago un esfuerzo extra con la esperanza de que mi compañero de trabajo me reconozca como la heroína mientras le digo: «Te ayudaré esta vez, pero si esto vuelve a suceder, no intervendré para rescatarte». (Sin embargo, la realidad es que ya tienes un patrón de rescatar a esta persona y es probable que continúe).

Un límite saludable: Puedo determinar de antemano cuál será mi respuesta, de modo que no me vea arrastrada a intentar salvar la situación. Por ejemplo: «Lamentablemente, ya estoy muy ocupada y he asumido el compromiso personal de no hacer que mi familia se sacrifique cuando asumo un trabajo que no me corresponde». Para evitar que vacile en mi decisión, puedo poner mi teléfono en modo «no molestar» los fines de semana o durante las reuniones familiares para que no me distraigan los correos electrónicos del trabajo o las peticiones de esta persona.

Escenario: Alguien de mi grupo pequeño en la iglesia recientemente traicionó mi confianza al compartir algunas cosas que hablamos en privado.

Un límite perjudicial: Me siento presionada para asistir a mi grupo pequeño esta noche, aunque me encuentro en una situación emocional muy sensible. Así que llamaré a la líder y le diré que tiene que asegurarse de que el ambiente sea seguro para que pueda ir e insistiré en que le diga a la persona que rompió mi confianza que ya no puede hacerlo de nuevo.

Un límite saludable: Puedo tratar el daño con la persona en forma privada e informarle que me tomaré un descanso de nuestro grupo pequeño por una temporada. En lugar de sentirme culpable, me recuerdo a mí misma que está bien no asistir a un evento o reunión cuando siento que no es seguro para mí estar en presencia de alguien que me ha herido o ha socavado mi confianza.

Ahora, apliquemos esto...

RECUERDA:

- «Los adultos informan. Los niños explican». —Jim Cress
- Cuando permitimos que se viole un límite, se valida el mal comportamiento.
- La ausencia de límites significa la presencia de caos.
- El problema no es el límite, es que la otra persona no lo respeta.
- Los límites no van a arreglar a la otra persona. No obstante, van a ayudarte a mantenerte enfocada en lo que es bueno, lo que es aceptable y lo que necesitas para mantenerte saludable y segura.

RECIBE:

Engañoso es el encanto y pasajera la belleza;
   la mujer que teme al SEÑOR es digna de alabanza.
   (Proverbios 31:30)

La esperanza frustrada aflige al corazón;
   el deseo cumplido es un árbol de vida. (Proverbios 13:12)

REFLEXIONA:

- Nombra una ocasión en la que, sin saberlo, hayas validado un mal comportamiento al permitir que se violaran los límites. Si reflexionas en lo pasado, ¿cómo te hizo sentir y a qué te condujo?
- Abandonar los límites demasiado pronto puede crear grandes complicaciones y consecuencias difíciles. ¿Cuáles son las razones por las que esto podría ser problemático en tus relaciones?

ORACIÓN:

Padre celestial, gracias por llenar tu Palabra con verdades sobre cómo y por qué establecer límites bíblicos. Por favor, continúa revelándote a mi corazón mientras aprendo, considero y proceso algunos límites potencialmente necesarios que pueda precisar poner en funcionamiento en mi vida. Te ruego que continúes trabajando en mí y a través de mí para que pueda ser la versión más sana, completa y rendida a ti de mí misma. En el nombre de Jesús, amén.

CAPÍTULO 5

Ya lo estás haciendo muy bien

Me encantan los buenos olores. Una carne asada a la cacerola. Las rosas rosadas que crecen en mi jardín. Un libro recién impreso. Un viejo himnario. El césped recién cortado. Tres gotas de limón y dos de lavanda en mi difusor de aceite. Mi vela favorita. Sábanas aún calientes de la secadora. Wafles hechos en una sartén de hierro fundido. Una tienda de suministros de oficina organizada. (Una tienda desorganizada no huele tan bien, créeme). El aire salobre de la mañana en la playa. Mis nietos cubiertos de loción para bebés.

Y cuando descubro una nueva fragancia que me gusta, es pura alegría para mi alma. Eso me lleva al punto de por qué estoy compartiendo todo esto. Hace unos años, recibí una bolsa de regalo de una iglesia donde me invitaron a hablar. Estaba muy bien hecha. Tenía fotos impresas de mi familia tomadas de mi Instagram y contenía algunas de mis cosas favoritas, como botellas de agua gaseada, paquetes de mantequilla de almendras y un par de bananas con los tallos aún verdes. Los tallos verdes me hicieron sentir algo como:

«Esta es mi gente. ¡Saben lo que es elegir una banana "en su punto"!».
También en el fondo de la bolsa había un frasco de loción en espray para el cuerpo. Lo saqué y rocié el aire frente a mí, y al instante supe que se añadiría a mi lista de favoritos.

Me gustó tanto que me lo rocié varias veces antes de salir a hablar.

Durante meses utilicé este nuevo espray corporal como mi perfume y no tuve reparos en hablarle de él a la gente. Una de las personas que no solo se enteró por mí, sino que se animó a comprarlo, fue mi amiga Lisa C. Una mañana ella estaba en mi baño ayudándome a organizarme mientras yo había salido a hacer un recado. Tomó el ya conocido espray, lo miró de cerca, e inmediatamente me envió por mensaje una foto de la botella. «Lysa, ¿es este el espray del que has estado hablando y que usas todos los días?».

Le contesté: «¡Sí! ¿No es maravilloso... (ojos de corazón, ojos de corazón, ojos de corazón)?».

Respondió con varios emojis: «(Chica con la mano sobre la cara, cara de sorpresa de ojos grandes, lágrimas de risa cayendo de la cara). ¡Deja de usar esto como tu perfume de inmediato!».

YO: «¿Por qué?».
LISA: «¡Es un *espray de baño*!».
YO: «¿Qué?».
LISA: «¡Es el espray que usas para eliminar el olor a excremento en tu baño!».
YO: ………

Quedé sin palabras. Durante meses había estado oliendo como un baño donde habían sucedido evacuaciones innombrables y se habían rociado con el espray. No puedo creerlo.

Por favor, acepta mis más sinceras disculpas si formaste parte de mi vida durante esa desafortunada temporada de elecciones de «perfume». Y a las almas más amables que me regalaron el espray, no puedo imaginar lo incómodo que fue para ustedes el momento en que entré en la sala trasera del escenario aquella noche y todos trataron de decidir quién debía decirme que había utilizado mal el regalo. Y luego el momento aún más incómodo cuando tuvieron que obviar el asunto después de que yo siguiera hablando del nuevo espray que me habían regalado. ¡Al mejor cazador se le escapa una liebre!

Por muy tonta que sea esta historia, veo algo en mí misma en este incidente a lo que tengo que prestarle atención. A veces las cosas buenas se convierten en malas si se usan de forma equivocada. El espray que ayuda a eliminar los olores del baño es algo bueno. El espray de baño que se usa como perfume, no tanto.

Imagino que ya lo sabes. Y ahora yo también. Ya estamos en sintonía con el uso de muchas cosas en su justa medida, de la forma correcta y en el momento oportuno. Sabemos que hay límites, y somos buenas respetando esos límites y estableciendo delimitaciones para asegurarnos de no pagar las consecuencias del mal uso o del abuso.

Por ejemplo, entendemos que cuando el tanque de gasolina está casi vacío, no podemos seguir conduciendo e ignorar que necesitamos gasolina o acabaremos quedándonos tiradas. Por eso, aunque no nos apetezca parar a cargar combustible, lo hacemos. También entendemos que debemos utilizar el líquido adecuado para llenar el tanque de gasolina. Sabemos que no podemos verter agua en el tanque y esperar lo mejor. Usamos la gasolina de la manera correcta y en el momento adecuado.

Sabemos que cuando vamos al gimnasio, hay diferentes pesos para diferentes niveles de fuerza. No tenemos una capacidad ilimitada para levantar pesas, así que es prudente reconocerlo y entrenar en consecuencia. Si intentamos levantar un peso que está por encima de nuestra capacidad, nos lesionaremos.

Entendemos que no sería prudente poner un cartel en nuestro jardín delantero anunciando que la llave de repuesto está debajo del felpudo de la puerta principal. Muchas personas son dignas de confianza, pero otras no. Muchas personas tienen buenas intenciones, pero otras no. Conocemos esas realidades, así que tomamos las precauciones de seguridad adecuadas o nos arriesgamos a que nos roben o nos hagan daño.

Y, como se ha mencionado, sabemos que no es prudente publicar todas nuestras contraseñas de cuentas bancarias, redes sociales o incluso las cuentas para la transmisión de películas. Entendemos que es sensato mantener esas contraseñas en privado o nos arriesgamos a que otros se tomen libertades que podrían frustrarnos o avergonzarnos en el mejor de los casos y devastarnos o llevarnos a la bancarrota en el peor.

Has establecido este tipo de límites porque son sabios, no porque seas mezquina, grosera, indiferente, poco cristiana, egoísta o insensible. Eres una persona responsable. Quieres ser una buena administradora de lo que se te ha confiado. Por lo tanto, caminas en el plano de la realidad en lugar de en el de los deseos. Reconoces y respetas el concepto de las limitaciones, ya que no te gusta cómo actúas y reaccionas cuando te exiges demasiado. Y estableces sabiamente los límites cuando la gente te sigue presionando para que vayas más allá de tu capacidad. Cuando las personas no respetan nuestros términos, podemos establecer límites o podemos pagar las consecuencias.

Tú ya estás aplicando algunos límites muy bien.

Entonces, ¿por qué entendemos los límites relacionados con nuestras cuentas bancarias mucho mejor que aquellos que conciernen a nuestro bienestar emocional?

Creo que es porque no comprendemos realmente que tenemos limitaciones emocionales. Así como nuestras cuentas pueden quedarse sin fondos, también nuestras emociones. Al igual que el gasto descontrolado puede llevar las finanzas de una persona a la quiebra, gastar demasiado a nivel emocional también puede llevar a la quiebra nuestro bienestar.

Creemos que podemos seguir soportándolo. Pasándolo por alto. Navegando a su alrededor. Poniendo excusas. Redefiniéndolo. Adormeciéndolo para no tener que lidiar con el asunto. Orando. Preocupándonos. Llorando. Ignorándolo. Culpándolo. Avergonzándolo. Y lanzando un millón de indirectas al respecto.

Cuando las personas no respetan nuestros términos, podemos establecer límites o podemos pagar las consecuencias.

Sin importar cuál sea el problema y a quién involucre, tienes que saber que hay un costo enorme que tú y yo probablemente no estamos teniendo en cuenta: el trauma[1] que nos está causando. Cuando permitimos que se haga un mal uso de nuestras emociones y se abuse de ellas, habrá consecuencias.

A veces ni siquiera relacionamos las consecuencias con la situación de estrés en la que nos encontramos, como cuando experimentamos dolores de cabeza o problemas estomacales inexplicables.

> [En un estudio] los investigadores siguieron a más de cinco mil participantes en Alemania durante dos años y descubrieron que mientras mayor era el estrés en la vida de una persona, más intensos y frecuentes eran sus dolores de cabeza. «El aumento del estrés se tradujo en un incremento de la frecuencia de los dolores de cabeza en todos los subtipos de cefaleas», afirmó la directora del estudio, la Dra. Sara Schramm, de la Universidad de Duisburg-Essen en Alemania. «Los participantes [del estudio] con migrañas experimentaron más estrés que los participantes con cefaleas de tipo tensional». Por el contrario, los participantes que declararon tener poco estrés en sus vidas tuvieron pocos dolores de cabeza, o ninguno.[2]

He sufrido las consecuencias enormemente. Lo que empezó como un mal presentimiento sobre las decisiones que tomaba mi esposo en ese entonces se convirtió en ataques de pánico. El miedo a no saber nunca la verdad se convirtió en no querer salir de la cama algunos días. La sensación de miedo creció hasta que constantemente me preparaba para que el escenario del peor de los casos se hiciera realidad. Aunque intentaba procesar el dolor que sentía, cada vez se revelaban más decepciones. Y probablemente la más dañina de todas era que él me decía que estábamos en camino de sanar juntos, pero yo discernía y experimentaba una realidad aterradoramente diferente.

En mi interior, sentía tanta confusión, conmoción y angustia que las ramificaciones físicas fueron grandes. Aunque había sido una persona muy sana, acabé en la Unidad de Cuidados Intensivos, luchando por mi vida cuando mi colon se torció tan gravemente que tuvieron que extirparme la mayor parte de este. Luego, al año siguiente, me diagnosticaron cáncer de mama, lo que provocó una doble mastectomía y un par de años de cirugías de reconstrucción. Tras un largo período de duro trabajo con consejeros y otros profesionales, pensé que había habido suficiente sanación como para que fuera posible una reconciliación honesta y duradera. Y eso fue cierto, hasta que volvieron los engaños y las adicciones. La devastación esta vez me golpeó doblemente cuando me di cuenta de que los hechos que ya no podía ignorar significaban la muerte de un matrimonio. Al cabo de un mes, mi pared abdominal se separó por completo, un agujero literal se formó en mi sección media y volví a pasar por el quirófano.

Durante esa larga batalla para intentar salvar mi matrimonio, varios de mis médicos me preguntaron por mi nivel de estrés emocional. El médico que me operó del colon dijo que mis entrañas estaban tan fuera de lugar que parecía que me había atropellado un autobús. Cuando le aseguré que no había sufrido ningún tipo de accidente, señaló que el trauma era evidente y que no debía dejarse sin resolver.

Lo que me ocurrió durante los últimos siete años de mi matrimonio no solo fue difícil. Casi me mató. Creo que había una clara conexión entre el trauma emocional y las resultantes consecuencias físicas. No estoy diciendo que todas vamos a sufrir enfermedades que amenazan la vida si una relación se vuelve difícil. No obstante, te estoy exhortando a que prestes atención a cómo las situaciones emocionales devastadoras pueden herir algo más que tus sentimientos.

Cuando estás sufriendo debido a decisiones que te afectan, pero sobre las que no tienes control, es hora de empezar a identificar lo que realmente está pasando. Se trata de una situación de uso indebido del acceso que alguien tiene hacia ti o de una situación de abuso de su influencia sobre ti. Y a menudo se trata de ambas cosas a la vez.

Un ejemplo del uso indebido del acceso de alguien es traer cosas a tu entorno que te hacen sentir incómoda, insegura o amenazada. Pueden ser cosas como beber, fumar, usar un lenguaje ofensivo, escuchar música o ver películas inapropiadas. Puede ser cotillear, juzgar o ser demasiado agresivo sobre las opiniones políticas, sociales y religiosas de alguien o sus teorías conspiratorias. Esta no es una lista completa, pero si estas cosas erosionan tu sentido del bienestar emocional, hay que abordarlas.

Otros ejemplos de abuso del acceso son las cosas que te desorientan, dañan, rebajan, degradan o son totalmente peligrosas. Considera las siguientes preguntas:

- Cuando hablas de tu relación, ¿exageras las pequeñas «cosas buenas» y suprimes los aspectos difíciles o malos?
- ¿Estás experimentando abuso, pero tienes miedo de llamarlo por su nombre? (Si la respuesta es afirmativa, busca inmediatamente la ayuda de un profesional capacitado).
- ¿Alguna vez has percibido que la otra persona te está mintiendo, pero cuando le haces preguntas se pone a la defensiva y se enfada? ¿Te hace sentir luego como si estuvieras loca?
- Cuando ves una llamada o un mensaje de la persona, ¿temes que esté a punto de robarte la paz y enviarte a una espiral emocional?
- ¿Estás enamorada de su potencial en lugar de la persona que es en este momento?
- En los conflictos con esta persona, ¿tienes que asumir a menudo la responsabilidad de todo mientras ella se resiste a asumir la responsabilidad de algo?

- ¿Cuestionas tu valor o tu cordura después de haber pasado tiempo con esta persona?
- ¿Actúas constantemente con cautela porque temes que una mala decisión de tu parte haga que la otra persona se aleje? O peor aún, ¿temes que te eche en cara para siempre esa cosa en particular y la utilice como justificación para hacer o decir lo que le dé la gana?
- ¿Te sientes incapaz de compartir los éxitos emocionantes de tu vida con esta persona por miedo a que no te celebren o, peor, a que te ataquen o menosprecien?
- ¿Pasas más tiempo intentando salvar la relación que disfrutando de ella?
- ¿Temes sus decisiones?
- ¿Se resiste a cambiar un comportamiento aunque sepa que te está perjudicando?
- ¿Sufres tú más que la persona por lo que hace?
- ¿Qué tienen que decir sobre esta relación las personas sabias, que te quieren, se interesan por tu vida y tienen un buen historial de consejos útiles?
- ¿Estás dispuesta a escuchar a esas personas o proporcionas excusas acerca de por qué están equivocadas?
- ¿Estás orgullosa de estar con esa persona? Y aún más, ¿te respeta y se enorgullece de estar contigo?
- ¿El nivel de amor que experimentas por parte de esta persona parece subir y bajar en función de lo que hagas o dejes de hacer por ella?

Ninguna de estas preguntas pretende avergonzar o culpar a otra persona. Sin embargo, nos ayudarán a reconocer y posiblemente a identificar algunas áreas potenciales de preocupación.

Para resumirlo, quiero compartir una cita de Gary Thomas. En su libro *Aléjate de las personas tóxicas*, dice: «Si alguien se interpone en tu camino hacia convertirte en la persona que Dios quiere que seas o frustra la obra que Dios te ha llamado a hacer, para ti esa persona es tóxica».[3] Cuando hablamos de relaciones tóxicas y personas difíciles, existe una gran variedad de lo que esto puede significar. Hay una diferencia entre las relaciones difíciles que tienen problemas que necesitan resolverse y las relaciones destructivas que causan daño a las personas y a los demás.

Si le has dado a alguien acceso a tus emociones y es irresponsable y no tiene en cuenta cómo te afectan sus acciones, presta atención. Lo sabrás por la cantidad de ansiedad que se suscita cuando está cerca. La persona que sigue rompiendo tu corazón no está en condiciones de cuidar del mismo adecuadamente.

Nuestro cuerpo está creado para reaccionar ante situaciones de alarma. Este es un mecanismo programado dentro de nosotros. Hay una parte del cerebro llamada sistema límbico que nos ayuda a anular la parte analítica de nuestro cerebro y nos pone en modo de lucha, huida o parálisis. En la época de los tigres de dientes afilados, habría sido perjudicial que alguien se pusiera a analizar demasiado qué hacer mientras el tigre enseñaba los dientes y se acercaba cada vez más a él. En su lugar, su cuerpo recibía una dosis extra de energía para reaccionar y poder huir de allí.

Hoy en día, la mayoría de nosotras no nos enfrentamos a tigres inusualmente grandes que nos persiguen. No obstante, lidiamos con la descarga de energía que se produce cuando nos alarmamos por el mal uso y el abuso. Esa energía es la ansiedad. Y esa ansiedad nos obliga a actuar con respecto a las acciones de quienes nos hacen sentir que algo no está bien.

La ansiedad ha tenido una mala reputación durante demasiado tiempo. Se nos dice que no debemos estar ansiosas (Filipenses 4:6). Eso es bíblico y bueno. Sin embargo, recuerda que el enfoque de este versículo y el contexto no es avergonzarnos por estar ansiosas, sino recordarnos que el Señor está cerca y qué hacer proactivamente con nuestros pensamientos cuando la ansiedad llega.

La persona que sigue rompiendo tu corazón no está en condiciones de cuidar del mismo adecuadamente.

— Ufs~

Alégrense siempre en el Señor. Insisto: ¡Alégrense! Que su amabilidad sea evidente a todos. El Señor está cerca. No se inquieten por nada; más bien, en toda ocasión, con oración y ruego, presenten sus peticiones a Dios y denle gracias. Y la paz de Dios, que sobrepasa todo entendimiento, cuidará sus corazones y sus pensamientos en Cristo Jesús.

Por último, hermanos, consideren bien todo lo verdadero, todo lo respetable, todo lo justo, todo lo puro, todo lo amable, todo lo digno de admiración, en fin, todo lo que sea excelente o merezca elogio. Pongan en práctica lo que de mí han aprendido, recibido y oído, y lo que han visto en mí, y el Dios de paz estará con ustedes. (Filipenses 4:4-9)

Ahora bien, aquí hay algo interesante: si sigues leyendo más allá de estos versículos hasta Filipenses 4:10 y 4:14, Pablo dice que se alegró mucho de que sus amigos hubieran vuelto a «interesarse» en él y que era bueno «participar con [él] en [su] angustia». Así que, cuando conecto todo esto, parece que Pablo no está diciendo que no debamos preocuparnos o no debamos reconocer nuestros problemas. Y aprecio especialmente que no nos diga que guardemos nuestros problemas en silencio. A veces necesitamos que otros nos ayuden a procesar y atravesar las dificultades a las que nos enfrentamos.

Sin embargo, lo que Pablo nos enseña en Filipenses 4:4-9 es qué hacer cuando la ansiedad se suscita dentro de nosotros.

El sentimiento de ansiedad es como una campana de alarma que nos alerta para recordar que el Señor está cerca, por lo que no tenemos que reaccionar de forma exagerada; podemos dejar que la paz de Dios proteja nuestros corazones y mentes, y dirigir y filtrar intencionadamente nuestros pensamientos, teniendo en cuenta lo que sigue siendo bueno. Y continuar poniendo en práctica estos buenos principios.

Es comprensible que tú y yo nos sintamos ansiosas cuando alguien hace mal uso o abusa del acceso que le damos. No obstante, tenemos que permitir que esa ansiedad sea una alarma y no un estado constante.

Por ejemplo, si tienes una pequeña empresa y empiezas a notar que la tarjeta de crédito de la compañía tiene algunos cargos misteriosos sin los recibos correspondientes, probablemente querrás exigirles más responsabilidad a los empleados que la usan. O querrás dejar de permitirles que la usen hasta que se pueda implementar un mejor sistema de controles y saldos. La preocupación por los cargos misteriosos sirvió de alarma para saber que era necesario un cambio. Si no pones en marcha el límite necesario con la tarjeta, tu ansiedad podría convertirse en animosidad y hacer que sospeches de todos tus empleados y posiblemente fomentes la desconfianza con todos.

O tal vez tengas una mejor amiga a la que quieres mucho, pero que ha mostrado un patrón de decir que hará algo y luego nunca lo cumple. Hasta ahora, ha sido con cosas pequeñas que parecían demasiado insignificantes como para abordar el tema. Sin embargo, mientras más ocurre, más empiezas a sentir que no puedes contar con ella y dudas en comprometerte a hacer cosas juntas. Entonces, te pregunta si puede organizar un *baby shower* en tu casa para otra amiga que tienen en común. Quieres decir que sí, pero temes acabar cargando con el peso de toda la reunión. Basándote en experiencias anteriores, ella se olvidará de detalles importantes, llegará tarde y no tendrá ni la mitad de la comida que las dos acordaron que llevarían. Sabes que no tienes la capacidad emocional para lidiar con todo lo que probablemente pueda ocurrir en esta fiesta, así que tomas la sabia decisión de decir que no. Sigues estando dispuesta a contribuir de alguna manera, pero celebrarlo en tu casa requeriría un nivel de responsabilidad por parte de tu amiga que no ha mostrado anteriormente cuando le has dado ese tipo de acceso. Si tu amiga te pregunta por qué no puedes organizar la fiesta, no hace falta que le des demasiadas explicaciones ni tengas una gran conversación sobre los límites. Simplemente puedes decir que no tienes la capacidad en este momento, agradecerle su comprensión, y ofrecerte a ayudar de otras maneras que no te exijan demasiado.

O ha habido un problema en tu matrimonio y quieres tener una conversación sincera y sana con tu cónyuge. No obstante, basándote en conversaciones anteriores que no han ido bien, tiendes a personalizar lo que él dice, y él tiende a sacar a relucir las quejas del pasado, haciendo que todo se intensifique y se salga del tema.

Así que decides que para seguir manteniendo este nivel de acceso a las preocupaciones del otro, es necesario establecer reglas básicas de modo que cada uno sepa cómo ser responsable y cuidadoso con el otro. Podrías decir: «Con el fin de mantener esta conversación, tenemos que acordar no atacarnos mutuamente, ni levantar la voz, ni ponernos a la defensiva, ni sacar a relucir otras quejas o temas que no estén relacionados con la conversación que estamos teniendo. Si esto ocurre, tendremos que interrumpir el diálogo y volver a intentarlo en otro momento. Por el bien de ambos, no estoy dispuesta a avanzar en una conversación que se torna hiriente».

Como dije antes, la persona que nos causa ansiedad en nuestra relación debe empezar a ser más responsable o debemos reducir su acceso. Si alguien no quiere o no puede dejar de hacer un mal uso del acceso personal que le hemos dado, entonces debemos cambiar su acceso para que se corresponda con su nivel de responsabilidad.

Sin embargo, ¿cómo lo hacemos?

He aquí cinco factores que te ayudarán a establecer límites saludables:

1. UN LÍMITE NO ES PARA TOMAR EL CONTROL DE LAS ACCIONES DE LOS DEMÁS

El propósito del límite es ayudarte a mantenerte disciplinada y segura. Una amiga mía me dijo hace poco: «Pensé que estaba estableciendo un límite, pero en realidad solo estaba tratando de controlar la situación forzando a la otra persona a cambiar». Si tu enfoque es tratar de cambiar a la otra persona, sentirás rápidamente que los límites no funcionan. Es hora de cambiar tu enfoque hacia lo que puedes controlar con tu límite:

- Tu entorno
- Lo que estás y no estás dispuesta a tolerar
- Lo que tienes y lo que no tienes que dar

Tu límite debería ayudar a establecer el escenario a fin de que tus emociones puedan estar más controladas, puedas recuperar la sensación de seguridad y te sientas más capacitada para hacer los cambios necesarios.

2. LA GRACIA TIENE UN LUGAR EN ESTA CONVERSACIÓN

Podemos ser amables en la forma en que hablamos sobre nuestras preocupaciones, nuestra necesidad de establecer un límite y las consecuencias si no se respeta. Mi consejero, Jim, siempre dice: «Di lo que piensas, piensa en lo que dices, y no lo digas de mala manera». Recuerda que lo más probable es que un límite signifique un cambio en la relación para ti y la otra persona. No está mal que hagan preguntas y que incluso quieran saber el plazo de duración de este límite. Podemos ser amables a la hora de informarle a la otra persona y responder cualquier pregunta que sea razonable y apropiada. Otra frase útil que me enseñó Jim cuando se tiene una conversación potencialmente desafiante es: «Sé curioso, no furioso». Puede resultarte útil hacer preguntas sobre sus preocupaciones en lugar de hacer suposiciones y acusaciones. Una vez más, no queremos explicar o debatir en exceso nuestra necesidad de este límite. Pero podemos ser amables en nuestra comunicación en torno al mismo.

Decide previamente e incluso haz un guion de lo que vas a decir. Veremos algunos guiones juntas, pero como regla general, intento empezar con empatía y reconocer algo positivo de la otra persona antes de abordar lo que debe cambiar.

Hay muchos versículos de la Biblia que podrían ser útiles aquí, pero dos de mis favoritos se los repito a mi frustrado ser tan a menudo que los tengo memorizados. Proverbios 15:1 dice: «La respuesta amable calma el enojo, pero la agresiva echa leña al fuego». Y Colosenses 4:6 señala: «Que su conversación sea siempre amena y de buen gusto. Así sabrán cómo responder a cada uno». Esto no significa que no digamos las cosas difíciles o que no pongamos límites. Significa que reconocemos que queremos que los conflictos se solucionen en lugar de que se recrudezcan.

3. LOS LÍMITES TE AYUDAN A LUCHAR POR LA RELACIÓN

Los límites son por tu bien y el de los demás, para que no tengas que seguir luchando contra comportamientos, actitudes y patrones poco saludables. Podemos establecer un límite o estaremos preparando el terreno para que se gesten los resentimientos. Estar inmersas en la frustración de saber que las cosas deben cambiar, o intentar que la otra persona cambie, es mucho más perjudicial que una conversación sobre límites. Sí, los límites pueden parecer arriesgados. Sin embargo, es un riesgo mucho mayor retrasar o negarse a tener las conversaciones necesarias.

4. UN LÍMITE SIN UNA CONSECUENCIA REAL NUNCA SERÁ TOMADO EN SERIO

Tenemos que considerar con sabiduría y lógica las consecuencias de los límites que no se cumplen. Un límite presentado como un deseo esperanzador no es más que una sugerencia débil. Y un límite presentado como una amenaza solo hará más daño. Si no podemos o no queremos seguir adelante con una consecuencia, entonces esa persona acabará dejando de respetar lo que tenemos que decir e ignorará todos los futuros intentos de poner límites. Me ha resultado muy útil pensar en las consecuencias con antelación y procesarlas con mi consejero o con mis amigos sabios. Estas son algunas maneras en que trato de estructurar las consecuencias:

- Evita utilizar las palabras *siempre* y *nunca* o cualquier otro lenguaje extremo.
- Recuerda que estás estableciendo un límite a favor de la relación, no en contra. No se trata de una acusación contra la otra persona. Simplemente estás reajustando su acceso para que coincida con el nivel de responsabilidad que ha demostrado en la relación.
- La consecuencia debe ser una afirmación, no una pregunta. No es necesario que le pidas permiso para poner un límite o las consecuencias que conlleva.
- La consecuencia puede discutirse, pero no es necesario justificarla ni explicarla. En lo personal, esto suele ser difícil, ya que tiendo a querer explicar en exceso hasta el punto de que aprueben por qué necesito el límite. Así que a veces tengo que hablar directamente, no con dureza, para recordarme a mí misma: *Lysa, estás informándoles, no debatiendo la validez de tu necesidad.*

A menudo, las personas que más necesitan los límites son las que menos los respetan. No dejes que esto te sorprenda ni te pille desprevenida. Puedes corresponder con amabilidad a esta frustración e incluso con empatía a su enfado. No obstante, considéralo como una afirmación de que estás haciendo lo correcto. Mantente firme y menciona las consecuencias con dignidad y respeto.

5. CONSIDERA CÓMO ESTE LÍMITE TE BENEFICIARÁ

A veces sentimos el dolor de poner un límite y eso puede hacernos olvidar las buenas razones por las que lo hemos establecido. En el apartado número tres hablamos de cómo los límites son beneficiosos para ambas partes de la relación. Entonces, recordemos que también existe el beneficio de lo que un límite hará por nosotras. Estamos asumiendo la responsabilidad de mantener nuestra propia cordura, seguridad y serenidad. No somos responsables de las decisiones de la otra persona, pero sí de nuestras acciones y reacciones.

Recuerda que estableces límites para dejar de sentirte frustrada e impotente y permitirte llegar a un lugar más saludable. Es importante que pienses en los aspectos positivos de establecer límites y que ensayes con antelación cómo establecerlos claramente desde un lugar de fortaleza, para que si las cosas se ponen difíciles y emocionales no te rindas. Será un reto si tienes que aplicar las consecuencias, pero si ya has hecho las paces con todo este proceso, no te sentirás tan confundida ni frustrada. Llegar a un lugar mejor es bueno aunque no se sienta bien en el momento.

Trataremos este tema con más detalle en el próximo capítulo, pero antes de concluir, quiero darte algunos buenos puntos de partida para las conversaciones necesarias sobre los límites:

«Se nota que te importa mucho la política y los otros temas que te apasionan. Gracias por querer compartir todos tus pensamientos conmigo. Pero ahora mismo me encuentro en un momento en el que necesito proteger mi corazón de la intensidad que a veces puede surgir de este tipo de discusiones. Gracias por entender que si la conversación sobre ciertos temas se vuelve demasiado acalorada, tendré que redirigirla hacia temas menos desencadenantes o tendremos que pulsar el botón de pausa».

«Te quiero y me preocupo por ti. Y al mismo tiempo, hay algunos comportamientos que necesitan cambiar en nuestra relación. Cuando tú _____ [escribe el comportamiento inaceptable, abuso de sustancias o adicción] en mi presencia, me afecta de una manera que ya no estoy dispuesta a aceptar. Esto no es una acusación ni un juicio contra ti. Eres adulto y tus decisiones son tuyas. Se trata de que yo sea proactiva en cuanto a mi bienestar y tome decisiones sabias para mi vida. Por lo tanto, te pido que no vuelvas a consumir estas sustancias [o escribe otro comportamiento poco saludable] cerca de mí o en mi casa. Si no estás

Un límite sin una consecuencia real nunca será tomado en serio.

de acuerdo con estos parámetros, entonces tendremos que limitar nuestras interacciones y ya no podré tenerte de visita en mi hogar. Insisto, esto es porque me importa no solo mi bienestar, sino también mantener nuestra relación en un lugar más sostenible».

«Muchas gracias por tenerme en cuenta. Aunque mi corazón siempre quiere decirles que sí a las oportunidades, la realidad de mi tiempo me obliga a decir que no. De nuevo, es un honor que hayas pensado en mí y espero que tu _____ [escribe la actividad a la que te invitan a participar o para la que te piden un favor] vaya increíblemente bien. Gracias por tu comprensión y, como siempre, te doy ánimo».

«Quería hablar contigo hoy, no para debatir tus decisiones, sino para hacerte saber que ya no es sostenible para mí seguir en el mismo tipo de relación contigo. Esto no es una acusación contra ti. Solo estoy aceptando la realidad de que este asunto me está afectando mental y físicamente, y es hora de reconocerlo y hacer algunos cambios necesarios. Me he comprometido a cuidarme bien. Por lo tanto, he decidido dejar de pedirte que cambies y, en vez de eso, crear cierta distancia entre nosotros para que los resentimientos latentes no superen nuestra relación. Esto no es fácil, pero es necesario. Si quieres seguir trabajando en nuestra relación, estoy dispuesta a hacerlo siempre que nuestras interacciones sean solo en presencia de mi consejero».

«Gracias por estar dispuesto a hablar sobre algunos desafíos que hemos estado experimentando en nuestra relación. Mantengamos esta conversación calmada y amable. Si las cosas se intensifican hasta llegar a los gritos, las culpas o las palabras hirientes, me excusaré y tendremos que reanudarla en otro momento».

Estos guiones son solo algunos ejemplos que puedes modificar para que funcionen en tu caso. Y desde luego, reconozco que los enredos de las emociones difíciles, las heridas del pasado, los traumas del presente y muchos otros matices desafiantes harán que estas comunicaciones de límites sean más complicadas en la vida real. Sin embargo, tenemos que fijarnos el objetivo de no dejarnos arrastrar por la comunicación excesiva, la justificación o las explicaciones hasta la saciedad y arriesgarnos a abandonar la búsqueda de una dinámica de relación más saludable.

Ahora, antes de terminar, te daré un guion más para que lo uses en caso de que cierta autora llamada Lysa se te aproxime con cierto espray utilizado de forma desafortunada.

«Me alegro mucho de que te haya gustado nuestro regalo. Y, sinceramente, me gusta tanto la fragancia que he leído la letra pequeña y he descubierto que el espray es, de hecho, ¡solo para el cuarto de baño! Es decir, huele tan bien que me imagino que quieres usarlo como un espray para el cuerpo, pero no te sientas tentada. Mucha gente lo tiene en su cuarto de baño, así que no queremos que tu dulce ser tenga un olor a baño siguiéndote todo el día. ¡Y por cierto, tu pelo luce realmente fabuloso hoy!».

Una nota de Jim sobre el sistema límbico

La *desregulación* se produce cuando un desencadenante externo hace que se active tu sistema límbico (reacción de lucha, huida o parálisis), lo cual es una respuesta física automática a una amenaza percibida.

El sistema límbico resulta esencial para los escenarios en los que necesitamos estar en alerta máxima, como por ejemplo si nuestro hijo sale corriendo hacia el medio de la calle. Es obvio que hay que priorizar la seguridad física del niño y sabemos que hay que rescatarlo del peligro. La ansiedad se calma cuando una acción adecuada restablece la sensación de seguridad. El problema surge cuando nuestro sistema límbico nos dice que la situación no es segura, pero no sabemos qué hacer.

Si tienes una relación en la que vas a sostener una conversación durante la cual es probable que tu sistema límbico se active, planifica con antelación cómo vas a responder. Podemos prepararnos en tiempos de seguridad para ser fuertes en tiempos de inseguridad. Cuando nos sentimos impotentes, podemos confiar en los límites previamente planificados y ensayados.

Consejos útiles para cuando sientas que se activa un desencadenante:

- Puedes ser sincera al decir que te sientes expuesta a una situación desencadenante y lo mejor es hacer una pausa. Es aconsejable evitar intentar continuar una conversación cuando te inunda la ansiedad.

- Mueve tu cuerpo.

- Bebe agua y espera veinte minutos para que tu corteza prefrontal (la parte «pensante» del cerebro) retome los pensamientos lógicos.

- Si dices algo de lo que te arrepientes, sé amable contigo misma. No te reprendas. Di: «Soy humana. Conociendo mi historia, mi respuesta tenía sentido. Me ofrezco compasión y asumo la responsabilidad de mis acciones y reacciones. Y si tengo que pedirle perdón a la persona a la que herí, lo haré».

Ahora, apliquemos esto...

RECUERDA:

- Cuando las personas no respetan nuestros términos, podemos establecer límites o podemos pagar las consecuencias.
- La persona que sigue rompiendo tu corazón no está en condiciones de cuidar de este adecuadamente.
- Si tu enfoque es tratar de cambiar a la otra persona, sentirás rápidamente que los límites no funcionan.
- «Di lo que piensas, piensa en lo que dices, y no lo digas de mala manera». —Jim Cress.
- A menudo, las personas que más necesitan los límites son las que menos los respetan.
- Un límite sin una consecuencia real nunca será tomado en serio.

RECIBE:

La respuesta amable calma el enojo,
    pero la agresiva echa leña al fuego. (Proverbios 15:1)

Que su conversación sea siempre amena y de buen gusto. Así
    sabrán cómo responder a cada uno. (Colosenses 4:6)

REFLEXIONA:

- En tus propias palabras, ¿por qué los límites saludables son tan beneficiosos para tu bienestar?
- ¿Qué pensamientos vienen a tu mente cuando lees: «Los límites son por tu bien y el de los demás, para que no tengas que seguir luchando contra comportamientos, actitudes y patrones poco saludables»?

ORACIÓN:

Dios, a veces este tema de los límites resulta muy difícil. Aunque sé que los límites son necesarios, mi corazón tiende a sentirse abrumado con facilidad. Te ruego que me des paz y valor para ver cómo todo esto puede tomar forma en mi vida. Gracias por revelarme más de ti a través de las palabras que estoy leyendo. Confío en que tú me guías para que pueda mostrar más sabiduría y tener un mejor discernimiento en todas mis relaciones. En el nombre de Jesús, amén.

Nota especial: Para obtener más ayuda con respecto a los límites en torno a tu tiempo y tus horarios, consulta mi libro *El mejor sí*.

CAPÍTULO 6

Es posible que nunca vean tus límites como algo bueno

Era uno de esos días en los que necesitaba sentarme afuera y mirar el cielo. Me repetía una y otra vez: «El cielo no se está cayendo. El cielo no se está cayendo. El cielo no se está cayendo». Sabía esto en la parte lógica de mi cerebro. Sin embargo, cuando *mi* mundo se desmoronaba, me parecía que *el* mundo se estaba desmoronando también.

Quería decirle al cielo que me estaba mintiendo. Se *estaba* cayendo. Solo que no podía verlo. Cuando sientes algo, pero no lo ves, creo que esa es la definición más pura del miedo crudo.

La ansiedad fluía dentro de mí. Mi pecho se comprimía y se retorcía. Era incapaz de desacelerar la respiración. Esa era toda la evidencia que necesitaba conocer, a pesar de lo que veía por encima de mí: la implosión de una relación estaba ocurriendo frente a mí.

Durante los meses que precedieron este día, seguí intentando controlar mi ansiedad ante los indicios de que las cosas no estaban bien. Hacía todo lo que me habían aconsejado cuando sentía que el pánico comenzaba a envolverme. Gracias, terapia. Después de varios años de trabajar con mi consejero, me sabía el régimen de memoria. Beber al menos cuatro onzas de agua. Orar una simple petición de ayuda. Darme al menos veinte minutos para que la parte límbica de mi cerebro se calme un poco antes de intentar tomar cualquier decisión o tener alguna discusión difícil. Salir a la calle, poner los pies en el césped y mirar hacia arriba para recordar que el mundo sigue girando. Dar un paseo. Escuchar música que calme y alimente mi alma. Procesar la situación con una amiga sabia y segura que pueda ayudarme a ver lo que podría estar pasando por alto o asegurarme que no estoy loca.

Todas esas cosas ayudan.

Sin embargo, cuando las plantas de mis pies empezaban a tener manchas permanentes de césped, era el momento de dejar de intentar lidiar con la ansiedad y en su lugar investigar el origen.

Quería que las cosas estuvieran bien. Quería la calma.

Pero la calma no parecía quererme a mí.

La calma es como poner el termostato a la temperatura adecuada para mantener la casa fresca en un caluroso día de verano. No obstante, si hay puertas y ventanas que permanecen abiertas, dejando que el calor entre, todavía vas a sentir los efectos del calor exterior. La táctica incorrecta sería ponerse junto a la ventana para decirle al calor que ya no puede entrar en la casa. La correcta sería cerrar las ventanas y las puertas y dejar que el aire acondicionado trabaje para conseguir el ambiente que quieres.

Quería la calma, pero el dilema en el que me encontraba me estaba causando mucha ansiedad debido a que no había estado dispuesta a reconocer de dónde venía el calor. No quería darle importancia a algo que, en el gran esquema de todos los esquemas de la vida, no parecía gran cosa.

No quería parecerme a «esa chica» que es demasiado dramática o mezquina, o que no es lo suficientemente madura en su cristianismo como para simplemente «pasar por alto una ofensa». Pero había pasado por alto esta ofensa muchas veces y la situación seguía sin cambiar. La persona involucrada no vivía en mi casa, ni siquiera en el mismo estado, pero sus palabras tenían tanto peso en mi vida que unas pocas declaraciones duras se sentían como puñales en los lugares más sensibles de mi corazón.

Cuando esta persona se encontraba en una situación difícil, consideraba que era completamente aceptable desbordarse emocionalmente y reprenderme con sus palabras. O usaba sustancias adormecedoras hasta el punto de que se desconectaba por completo o no tenía sentido cuando yo intentaba hablar de lo que estaba pasando. Eso le abría la puerta para decir y hacer cosas que normalmente no diría ni haría. No podía predecir lo que la provocaría. Y no importaba cómo tratara de abordar el tema, nunca lográbamos un progreso positivo trascendente.

Esta persona no tenía en cuenta cómo sus acciones y reacciones estaban afectando nuestra relación. Se negaba a reconocer el impacto que todo esto estaba teniendo en las dos. También es importante decir que no siempre fui acertada en nuestras conversaciones. Sin embargo, me comprometí a fomentar un ambiente entre nosotras en el que no hubiera gritos, dejáramos hablar a la otra persona sin interrumpirla, no hiciéramos acusaciones y tuviéramos empatía la una con la otra.

Esta persona no veía la necesidad de adoptar maneras de comunicación más saludables. La forma en que las cosas siempre habían sido era todavía muy aceptable para ella. No obstante, a mí me resultaba muy erosiva. Las puertas y ventanas estaban abiertas. El calor entraba y yo le rogaba que no lo hiciera. Como si el calor pudiera levantarse un día, salir de mi casa y reconocer de repente mi deseo pasivo.

El calor que entra no solo es incómodo. También puede ser perjudicial. El verano pasado fui a mirar casas con mi amiga Madi. (Uno de mis locos pasatiempos es ayudar a la gente a encontrar su primer hogar. Me gusta tanto que no es raro que lleve una linterna frontal mientras subo al ático, miro debajo de la casa o levanto los conductos de ventilación para ver si puedo oler algo siniestro. Soy como el Inspector Gadget, pero sin ninguna habilidad legítima). Estábamos muy emocionadas cuando una casa de gran aspecto y mucho potencial apareció disponible. Teníamos que verla. Y cuando llegamos, en el momento en que nos detuvimos frente a ella, lo supimos. Esta era la futura casa de Madi.

Entramos. Estaba *llena* de potencial. Sin embargo, también estaba llena de un extraño moho. El aire acondicionado no se había encendido desde hacía meses. El calor y la humedad simplemente habían hecho lo que saben hacer. Y este era un problema mayor de lo que el propietario anterior pensó que sería cuando apagó el aire acondicionado. No era solo el calor. Era lo que el calor constante puede hacer cuando no se atiende durante demasiado tiempo.

Comprender que el calor no solo es incómodo, sino que es potencialmente perjudicial en determinadas situaciones, me ayudó a considerar algo importante. La pasividad no funcionaba. Los deseos no funcionaban. Al no abordar la situación no estaba teniendo el control, sino esquivándola. Y posiblemente incluso permitiendo un comportamiento que no podía seguir sin ser abordado.

No dejaba de pensar: *¿Le estoy dando demasiada importancia a esto? Quiero decir, esto no es una situación que altere la vida, ¿verdad?* Pero todo el tiempo estaba alterando de manera absoluta mi vida. Observa las manchas de césped en mis pies.

Entonces, ¿qué estaba pasando aquí?

Llevaba un par de años asistiendo a terapia cuando empecé a sentir este extraño vacío no solo en esta relación, sino también en algunas de mis otras relaciones. Trataba de avanzar en la sanidad. Estaba aprendiendo a abordar los problemas. Estaba creciendo. Supongo que, en cierto modo, se podría decir que estaba aprendiendo a ser más madura emocionalmente. No estaba haciendo todo esto a la perfección, pero estaba comprometida a volverme cada vez más saludable.

Como mencioné antes, algunas de las personas cercanas se encontraban en el mismo camino de crecimiento emocional y espiritual. Pero otras no lo estaban. Y a medida que continué buscando el progreso con el tiempo, solo expuse las grandes diferencias entre los comportamientos saludables y los dañinos. Casi empezó a parecer que algunas personas que formaban parte de mi vida se sentían cada vez más ofendidas por mis esfuerzos —cada vez más frustradas por mi definición de lo que era aceptable y lo que ya no lo era— y cada vez más renuentes a abordar los problemas.

Por favor, escúchame cuando digo esto. No sentía que era mejor que las personas que no buscaban el crecimiento emocional. Simplemente estaba lo suficientemente desesperada por recibir ayuda como para por fin atender mis problemas. Y en el proceso crecí, pero otros no estaban en la misma trayectoria. Y atravesar esto era cada vez más doloroso. Ellos estaban cómodos en la disfunción. Yo ya no lo estaba.

Mi amiga Candace me dijo hace poco: «Tu sanidad sacará a la luz la inmadurez emocional de quienes te rodean y no están dispuestos a buscar la salud para sí mismos».

Al principio, cuando dijo esto, incliné la cabeza y pensé: *No quiero calificar a nadie más como emocionalmente inmaduro. Perece que estoy juzgándolos. Me hace sentir como si estuviera diciendo que soy mejor que ellos.* He trabajado mucho para llegar a un lugar más saludable y espero madurar emocionalmente. He pasado años invitando a mi consejero, a amigos cercanos y a miembros de la familia de confianza para que me ayuden a ser más consciente de las actitudes poco saludables, los patrones de pensamiento y las formas de reaccionar que necesitaban crecer y madurar en mí. Había mucho que tenía que aprender.

Y hubo muchos contratiempos y lágrimas y retrocesos a las viejas formas de pensar y reaccionar. Que tu vida se ponga patas arriba es brutalmente devastador, pero puede ayudar a que te liberes de algunos asuntos emocionalmente poco saludables que necesitas atender. Así que, mientras me sentaba con la afirmación de Candace, decidí que necesitaba procesar esto con gracia y verdad. Cuando la persona que me regañaba se negaba a participar en formas de comunicación más sanas, yo no utilizaba el término «inmadurez emocional» como una afirmación en su contra, sino más bien como una forma de nombrar la incómoda tensión que había surgido en nuestra relación, reconocer la grieta y averiguar qué hacer.

Si este es tu caso, no te sorprendas de la tensión que provoca el estrés relacional. Y cuando decidas establecer límites y la otra persona intente calificarte de controladora, difícil o poco colaboradora, considéralo un cumplido. Sí, has leído bien, míralo como un cumplido. Están frustrados contigo porque ya no estás dispuesta a participar en los patrones dañinos del pasado. Has decidido elevar tus acciones y palabras a niveles de madurez más altos. Y si alguien decide no acompañarte, habrá una gran tensión. En todo vínculo hay patrones de relación. Si cambias el patrón y la otra persona no está de acuerdo con el cambio, habrá conmoción.

La tensión existe porque estás haciendo el difícil trabajo de dejar de cooperar con la disfunción.

Permite que esa última frase se te quede grabada durante un minuto.

Léela de nuevo. Medita en ella. Piensa en dónde y con quién está desarrollándose esto en tus relaciones.

Mi consejero, Jim, siempre me recuerda: «Lo que la gente no resuelve, lo exterioriza». La falta de voluntad de las personas para abordar los problemas que impulsan su comportamiento es su elección. No puedes obligar a las personas a hacer lo que no están dispuestas a hacer. No hay que luchar contra eso. Hay que estar de acuerdo con ello y aceptarlo. Lamenta que alguien se niegue a seguir creciendo, pero no le ruegues que vea tus límites como algo positivo, ya que es posible que nunca vean tus límites como algo bueno.

Tu luz expone algo dentro de estas personas que preferirían mantener oculto en la oscuridad. Así que, por supuesto, es ofensiva para ellos. Es doloroso sentirse expuesto. Es solo natural que arremetan contra ti, pero solo están tratando de apagar la luz lo más rápido posible. No es un ataque personal (aunque en verdad se sentirá insoportablemente personal a veces). Es un intento de la otra persona de proteger cualquier forma ilegítima de satisfacer sus necesidades legítimas.

La tensión existe porque estás haciendo el difícil trabajo de dejar de cooperar con la disfunción.

Los ejemplos de cómo esto podría presentarse variarán, como dedicarse a las apuestas en lugar de mantener un trabajo regular, ver pornografía, tener sexo fuera del matrimonio, calumniar a las personas que los intimidan, tratar de superar los logros de los demás para demostrar lo grandes que son, gastar el dinero que no tienen, avergonzarte y culparte, abusar de sustancias, decir cosas malas y crueles en tu cara o sobre ti, usar tácticas manipuladoras para tratar de mantenerte controlada, o cualquier otra elección poco saludable que hagan y esté impactando negativamente tu relación. Tienes derecho a preocuparte. A veces el problema es que estás más preocupada por estas personas que ellos mismos. Y lo más probable es que seas muy consciente de cómo sus acciones te están afectando, mientras que ellos no son conscientes ni se preocupan. Cuando hay este tipo de afecto desmedido, hay algo que tienes que saber. Nunca podrás quedarte donde estás y elevarlos a un lugar más maduro o saludable. Tienen que hacer el trabajo por sí mismos.

¿Has hecho alguna vez en la escuela secundaria la actividad en la que una persona se subía a una mesa y la otra, de igual peso, se sentaba en el suelo y trataban de ver quién podía poner a quién a su nivel? La persona que estaba sobre la mesa nunca era capaz de elevar a su nivel a la persona que estaba en el suelo. Sin embargo, casi siempre la persona de la mesa era derribada al suelo. Lo mismo ocurre con los niveles de la madurez y la salud. La dificultad no es solo la tensión entre dónde estás tú y dónde están ellos. El verdadero riesgo es que mientras más tiempo permanezcas en esta tensión, la posibilidad de que te derriben aumenta. Recuerda que nuestra motivación es amar bien a las personas, y para hacerlo no podemos permitirnos llegar a un punto tan emocionalmente agotado y poco saludable que esto no sea posible.

Cuando intentas tener conversaciones honestas sobre los temas en cuestión (no la inmadurez emocional de la otra persona) con el cuidado amoroso como motivación, y a cambio eres rechazada o atacada, la relación tendrá que cambiar. La persona madura tiene la opción de hundirse o elevarse y mantenerse firme en su salud. Obviamente, esto causará cada vez más distancia en la relación a medida que el abismo entre dos personas que están en posiciones diferentes emocionalmente sea mayor.

Como he dicho antes, la salud no puede unirse a lo perjudicial. Negarse a crecer y madurar emocionalmente es un gran indicio de falta de salud.

La Asociación Estadounidense de Psicología define la madurez emocional como «un nivel alto y apropiado de control y expresión emocional».[1] La inmadurez emocional, por el contrario, implica «una tendencia a expresar las emociones sin restricciones o de manera desproporcionada a la situación».[2] Presta mucha atención a las palabras *sin restricciones*. Cuando alguien demuestra una incapacidad constante para ejercer una restricción en sus emociones y acciones, ha sido atrofiado en algún punto de su camino hacia la madurez. Si alguna vez has visto a un adulto a punto de perder la cabeza y el carácter con la cajera del supermercado por un cupón de dos dólares, sabrás que es probable que haya regresado a una edad entre los cuatro y los catorce años. Todos podemos tener una regresión a la edad que teníamos cuando se produjo un trauma en la infancia que sigue sin curarse. Por eso tenemos que trabajar en estos aspectos y crecer hasta alcanzar una madurez que nos permita hacer uso de la restricción.

Las personas maduras pueden estar en desacuerdo, pero igual respetan la cordura de la otra persona. Las personas maduras están dispuestas a ver el impacto que sus acciones tienen en la otra persona y a hacer ajustes razonables. O, si no están dispuestas a ajustarse, las personas maduras al menos comunican su falta de voluntad y reconocen que la relación puede necesitar un cambio significativo. Hacen todo esto sin acusar, abusar o perder los estribos.

Es la inmadurez la que crea el efecto de locura que te hace dudar de la realidad, dudar de lo que es cierto y desviarte tanto que dejas de hablar de lo que obviamente hay que hablar.

La inmadurez de otra persona siempre será percibida por alguien maduro. Es posible que no seas capaz de definir exactamente qué es, pero te preguntarás: «¿Qué está pasando aquí?». La persona puede ser extremadamente inteligente y exitosa e incluso citar versículos de la Biblia a diestra y siniestra, pero carecer de madurez emocional.

Eso no significa que debamos aprovechar esto para juzgarlos o degradarlos. Recuerda que, si no fuera por la gracia de Dios, podríamos estar haciendo algunas de esas mismas cosas. No queremos endurecernos, enfadarnos o desarrollar una actitud de superioridad al establecer los límites. Debemos permanecer humildes y rendidas a Jesús en este proceso. Por lo tanto, deja que ellos tengan su propio viaje y revelación. Sé sabia al establecer y mantener tus límites y recuerda que no tienes que quedarte en el mismo lugar en el que está la otra persona. Y utiliza estas percepciones para ayudarte a ser más consciente de lo que está en juego, de modo que no sigas sintiéndote como la loca y descartando tu discernimiento.

Si yo fuera tú en este momento, me sentiría tentada a decir: «Espera un instante, Lysa. La persona sí actúa emocionalmente inmadura en ocasiones. Pero otras veces tenemos grandes conversaciones y una verdadera conexión. Solo es difícil y confuso cuando a veces veo destellos de tan buen potencial».

Hermana, lo que ves de reojo debería ser lo que veas la mayor parte del tiempo. Si los destellos de bondad y potencial son lo que te hace seguir adelante, entonces a la larga comenzarás a aceptar incluso las cosas hostiles como buenas. Si te encuentras tan agradecida por la más mínima cortesía común, tu esperanza está colgando de nada más que del aire. Si tus amigos piensan que estás aceptando demasiado poco y al mismo tiempo te preguntas si estás esperando demasiado, presta atención. Y si tienes demasiado miedo de hablar de todo esto con tus amigos sabios, no se trata solo de una bandera roja de alerta: es un incendio total.

Si sientes que tienes que cambiar lo mejor de ti para proteger lo peor de ellos, no ignores esta señal de alarma. Considera la siguiente lista para ayudarte a identificar cuándo podrías estar en un baile disfuncional con alguien que está ejemplificando la inmadurez emocional:

- Se resisten a las conversaciones necesarias o las vuelven en tu contra. Por ejemplo, cuando sacas a colación un tema que necesitas abordar, su negación del asunto en cuestión y de los hechos que lo rodean te hace sentir como la que está loca.
- Vuelven a recurrir a mecanismos de afrontamiento poco saludables cuando tienen un mal día o una conversación difícil.
- Carecen de conciencia de sí mismos o son emocionalmente sordos, es decir, son incapaces de entender cómo los percibe la gente.
- Reaccionan de forma desproporcionada a una conversación o una situación dada.
- No reconocen lo inapropiado de sus expresiones faciales, el tono de voz o el momento en que sacan a relucir ciertas cosas.
- Tienden a no asumir ninguno de sus roles en un conflicto, diciendo siempre como respuesta: «Pero tú...».
- La mayoría de las veces, carecen de empatía en las situaciones y no consideran cómo sus decisiones afectarán a la otra persona.
- No están dispuestos a honrar ni a respetar los límites comunicados.
- No asumen la responsabilidad por sí mismos o sus acciones y esperan que tú recojas los pedazos.
- Se niegan a reconocer que los traumas de su pasado que no fueron sanados, posiblemente incluso de su infancia, necesitan resolverse para que no se manifiesten.

- Reescriben la historia para probar un punto que solo les sirve a ellos o a su versión de la verdad.
- Su versión de la realidad no se corresponde con los hechos.
- Su versión de la verdad es la que los protege y no saben discernir qué es y qué no es un engaño.
- Dejan que sus emociones se apoderen de ellos y sabotean lo que debería haber sido un momento hermoso.
- En lugar de reconocer o confesar lo que han hecho mal, lo ocultan y esperan que no los atrapen.

Es posible que leas esta lista y pienses que algunas partes de ella te describen. Lo entiendo. A mí también me describen algunos de estos puntos. ¡Pero al menos somos lo suficientemente conscientes de nosotras mismas como para reconocer en lo que todavía tenemos que trabajar! Si estamos progresando hacia la madurez emocional, no nos estamos quedando estancadas en la inmadurez. Analizaremos esto más a fondo en el próximo capítulo, pero por ahora hay una cosa más a tener en cuenta.

Las personas emocionalmente maduras no están dispuestas a usar la lista anterior como un arma contra los demás. Por lo tanto, sigamos examinándonos a nosotras mismas y veamos lo que necesitamos ver. Reconozcamos lo que necesitamos reconocer. Seamos conscientes de lo que necesitamos ser conscientes dentro de nosotras mismas y en nuestras relaciones con los demás.

Si te encuentras pensando en algunas relaciones en las que hay evidencia de inmadurez emocional, lo entiendo. No tenemos que temer esto. Y no necesitamos seguir mirando al cielo, esperando que por fin se caiga un trozo. Tenemos que levantar nuestros ojos al lugar... de donde ha de venir nuestra ayuda (Salmos 121:1-2).

Cuando comencé este proceso en lo personal, empecé a preguntarme: *¿Qué tiene que decir la Biblia sobre la madurez emocional?*

Es importante que deje que la verdad me guíe y, honestamente, me mande un poco. Porque he aquí lo que me hace peligrar: mi personalidad se inclina más a ser pasiva que agresiva. Quiero que las cosas se resuelvan solas y mejoren con el tiempo. También está la presión, que siento como cristiana, de poner la otra mejilla, ser amable en todo momento y hacer todo lo posible para suavizar las cosas. No obstante, si soy sincera, las reacciones excesivamente pasivas no me han servido ni a mí ni a los demás. Aunque ser pasiva puede parecer bueno al principio, si dejo que la tensión de la situación aumente y se intensifique, corro el riesgo de desgastarme tanto por la difícil dinámica en juego que empiezo a caer en reacciones inmaduras y patrones poco saludables.

Una de las cosas que me sorprendió mientras estudiaba las Escrituras es la conexión que existe entre las emociones y la sobriedad. La mayoría de las veces asociamos la sobriedad a simplemente decir no a ciertas sustancias que nos hacen perder el control. Sin embargo, tener una mente sobria también puede ser una instrucción para no dejarnos llevar por el descontrol de nuestras emociones. Veamos 1 Pedro 5:8 (RVR1960): «Sed sobrios, y velad».

Este versículo nos da dos respuestas que son importantes para tener en cuenta. La primera es ser «sobrios» y la segunda es «velad». La NVI utiliza la palabra alerta. ¿A qué se refiere Pedro aquí? A la ansiedad. En el versículo 7, Pedro instruye a echar «toda vuestra ansiedad sobre él, porque él tiene cuidado de vosotros» (RVR1960). Y luego, en la segunda mitad del versículo 8, después de exhortarnos: «Sed sobrios, y velad», continúa diciendo: «Vuestro adversario el diablo, como león rugiente, anda alrededor buscando a quien devorar» (RVR1960). Pedro nos dice qué hacer con nuestra ansiedad. Debemos echarla sobre el Señor. Y debemos estar alertas y sobrias. Dios desempeña una parte, y nosotras también.

Pedro nos recuerda que, si bien es cierto que Dios quiere que le entreguemos nuestra ansiedad, también tenemos la responsabilidad de mantenernos lúcidas y prestar atención a lo que afecta y desencadena nuestras emociones. He aquí lo que no veo en este pasaje sobre el manejo de la ansiedad: pasividad.

No solo se nos anima a actuar, sino que se nos ordena estar activamente sobrias y alertas.[3] De hecho, cuando estudié esto más a fondo con mi consejero, que tiene una sólida formación teológica, señaló que la madurez emocional también puede verse como sobriedad emocional en relación con este versículo.

Se requiere de intencionalidad para ser de espíritu sobrio. La palabra *sobrio* en griego es νήφω (nēphō), que significa ser «dueño de sí mismo, lúcido y atento a lo que sucede».[4] Un léxico griego (diccionario) dice que esta palabra significa «frenar la influencia controladora de las emociones o los deseos desordenados (y por lo tanto volverse razonable); abstenerse de la influencia del alcohol».[5] Esto significa que ser sobrias tiene que ver con mantener el control sobre nosotras mismas. Al igual que cuando alguien bebe demasiado alcohol, tiene que «estar sobrio» para recuperar el control, ser sobria significa recuperar el control sobre nuestras acciones y reacciones. Recuerda que tenemos un enemigo que no solo quiere tentarnos, sino que quiere devorarnos. Él desea que actuemos y reaccionemos sin control. Y quiere que nuestros pensamientos giren desenfrenados.

La palabra *velar* en griego es γρηγορέω (grēgoreō) y significa estar alerta, despierto, vigilante.[6] En otras palabras, significa no estar dormido, distraído, adormecido ni cualquier otra cosa que nos impida estar alerta y conscientes. En los tiempos bíblicos, esta era la función del guardia que se sentaba en la torre de vigilancia con vistas a toda la zona de una ciudad amurallada. Él debía permanecer vigilante y prestar mucha atención ante cualquier posible peligro. La mayor amenaza para el vigilante era cuando empezaba a cabecear, se distraía o dejaba de estar atento, lo que significaba que ya no estaba alerta.

Ambas palabras, *sobrio* y *velar*, advierten de la pérdida de control. Pedro nos recuerda lo importante que es desempeñar un papel activo en nuestras vidas mientras luchamos contra el enemigo y sus diversas tácticas para atraernos a una pérdida del autocontrol.

Entonces, ¿cómo se relaciona esto con la necesidad de establecer límites con alguien que muestra inmadurez emocional o falta de sobriedad emocional? En el siguiente capítulo, voy a guiarte a través de algunas formas prácticas de establecer y comunicar límites saludables con personas poco saludables.

Sin embargo, por ahora, quisiera que agarres un vaso de agua y lo pongas en una superficie plana frente a ti. Observa cómo el nivel del agua en el lado izquierdo es igual al del lado derecho. El agua busca su propio nivel. En otras palabras, cuando miras un vaso de agua apoyado en una superficie plana, la superficie del líquido es constantemente plana en la parte superior desde el lado izquierdo hasta el derecho. Nunca se ha visto un vaso de agua apoyado en una superficie plana donde el líquido está más bajo de un lado que del otro. Al igual que las fuerzas gravitacionales ayudan al agua a alcanzar el equilibrio, también las presiones de la vida pondrán en evidencia si hay equilibrio en una relación o no. El equilibrio saludable en una relación solo es posible cuando ambas personas están igualmente comprometidas a estos aspectos:

- hábitos saludables
- conciencia propia
- empatía con los sentimientos de la otra persona

Cuando una persona adopta hábitos poco saludables, se niega a mirarse a sí misma a través de la lente de la realidad, o deja de tener en cuenta los sentimientos del otro, se produce una tensión cada vez mayor hasta que te hundes hasta donde ella está o la persona se eleva hasta donde tú estás. Solo tú puedes decidir cómo gestionar esa tensión o decir «ya basta» y generar cambios. Mi esperanza es que podamos hacer cambios saludables en lugar de dejar que las cosas lleguen a un punto en el que la única opción que tengamos sea terminar la relación. Los límites no son fáciles. Sin embargo, son mejores que muchas otras realidades difíciles. Y, definitivamente, son mejores que estar de pie sobre el césped, mirando al cielo y estando totalmente convencidas de que se nos cae encima.

El equilibrio saludable en una relación solo es posible cuando ambas personas están igualmente comprometidas a estos aspectos: hábitos saludables, conciencia propia, empatía con los sentimientos de la otra persona.

— Ups

Una nota de Jim sobre el retroceso de los límites

Lo que la gente no resuelve, lo exterioriza. Cuando alguien no resuelve sus problemas, hará que sus problemas se conviertan en los tuyos.

Cuando alguien tiene un caos interno sin resolver, a menudo provocará un caos externo y señalará con el dedo acusador. La culpa es un intento de medicar el dolor no curado. Así que, cuando intentas establecer límites para protegerte del caos, tales personas verán esto como un movimiento extremadamente ofensivo y tratarán de manipularte para que te sientas culpable, de modo que dejes a un lado tu límite. ¡Una persona manipuladora nunca ha conocido un límite que le guste! Lo más probable es que el manipulador tenga traumas no sanados o heridas de la infancia que lo hacen resistirse ante cualquier control percibido.

Una persona manipuladora verá tu límite como una luz amarilla, mientras que tú pretendías que fuera una luz roja —con un punto final— para garantizar tu seguridad. Un manipulador pasará intencionadamente a toda velocidad por ese cruce, arriesgándose a cualquier daño que pueda ocurrirles tanto a él como a ti. Una persona manipuladora hará *cualquier cosa* para resistirse a sentirse controlada.

Si alguien tiene un trauma de su niñez no tratado, cuando se traza un límite, puede volver a la edad en que se sintió insegura por primera vez. El límite que tú ves como una protección para mantener la relación sana, la persona lo verá como un rechazo a sí misma.

Ahora, apliquemos esto...

RECUERDA:

- Que tu vida se ponga patas arriba es brutalmente devastador, pero puede ayudar a que te liberes de algunos asuntos emocionalmente poco saludables que necesitas atender.
- La tensión existe porque estás haciendo el difícil trabajo de dejar de cooperar con la disfunción.
- «Lo que la gente no resuelve, lo exterioriza». —Jim Cress.
- Si te encuentras tan agradecida por la más mínima cortesía común, tu esperanza está colgando de nada más que del aire.
- Si sientes que tienes que cambiar lo mejor de ti para proteger lo peor de ellos, no ignores esta señal de alarma.
- El equilibrio saludable en una relación solo es posible cuando ambas personas están igualmente comprometidas con estos aspectos: hábitos saludables, conciencia propia y empatía con los sentimientos de la otra persona.

RECIBE:

A las montañas levanto mis ojos;
    ¿de dónde ha de venir mi ayuda?
Mi ayuda proviene del Señor,
    creador del cielo y de la tierra. (Salmos 121:1-2, NVI)

Sed sobrios, y velad. (1 Pedro 5:8, RVR1960)

Manténganse alerta; permanezcan firmes en la fe;
    sean valientes y fuertes. Hagan todo con amor.
    (1 Corintios 16:13-14)

REFLEXIONA:

- «Tu sanidad sacará a la luz la inmadurez emocional de quienes te rodean y no están dispuestos a buscar la salud para sí mismos». ¿Cómo te identificas con esto?

- Cuando lees esta frase: «Están frustrados contigo porque ya no estás dispuesta a participar en los patrones dañinos del pasado», ¿qué situaciones vienen a tu mente? ¿Cuáles son algunos de los patrones dañinos en las relaciones en los que ya no estás dispuesta a participar?

- ¿Cuándo has sentido que tenías que cambiar lo mejor de ti para proteger lo peor de otra persona?

ORACIÓN:

Padre, este viaje hacia la salud y la plenitud no es en vano. Ayúdame a mantenerme sobria y alerta. Te pido tu ayuda para dejar de participar en comportamientos no saludables y patrones de relaciones disfuncionales. Sé que los límites no son fáciles, pero ayúdame a hacer cambios saludables. Mientras establezco los límites necesarios, por favor, ayúdame a procesar cualquier decepción que esté sintiendo al mismo tiempo. Creo que tienes cosas buenas reservadas para mí. En el nombre de Jesús, amén.

Solo porque lo digan no significa que tengas que apropiarte de ello

En algún momento del camino, adquirí una forma de pensar de la que todavía me cuesta mucho deshacerme. Enseguida hablaré de esa mentalidad. Pero primero permíteme hablar un poco sobre la forma en que proceso la vida, la cual inicialmente me hizo la candidata perfecta para resistirse a los límites y verlos como algo poco amable. Todavía recuerdo estar sentada en un aula de la escuela primaria y aprender la regla de oro: «Trata a los demás como quieres que te traten a ti».

No recuerdo si estaba en primer o segundo grado, pero sí que la pizarra del aula era enorme y el tablero de anuncios a su derecha resultaba impresionante. El tablero era colorido y bonito, con una cita en la parte superior que cambiaba a diario y pretendía inspirarnos para que nos tomáramos en serio nuestra educación y el desarrollo de nuestro carácter. Debajo de la cita había una lista de las reglas de la clase, ¡con la regla de oro ocupando el lugar destacado como la número uno! Luego, debajo de las reglas, estaban los nombres de todos los niños del aula, colocados en filas ordenadas con tres tiras de papel debajo de cada nombre. Había una tira verde, una amarilla y una roja. El objetivo de cada día era mantener el papel verde bajo tu nombre, lo que significaba que eras amable, responsable y respetuoso con el profesor y tus compañeros.

Si un alumno infringía esas directrices, el profesor lo llamaba a la pizarra para que quitara la tarjeta verde y colocara la amarilla encima para que todo el mundo la viera. Y luego, si un alumno con tarjeta amarilla seguía sin poder acatar las reglas, debía colocar la temida tarjeta roja bajo su nombre y lo enviaban con el director.

Tenía mucho miedo de las tarjetas amarillas y rojas. No entendía que las reglas eran para ayudarnos a aprender a ser seres humanos responsables. Esas reglas evocaban en mí un gran temor a ser juzgada como una mala persona.

Así que, para mí, seguir las reglas significaba que sería conocida como una buena persona. Y no solo quería ser buena para que los demás me aceptaran. Sentía que debía ser conocida como una buena persona para aceptarme a mí misma. Por supuesto, de niña no tenía la conciencia de verbalizar nada de eso, pero recuerdo con absoluta claridad el temor que sentía al ir a la escuela la mayoría de los días.

Pensaba que tenía que hacer todo lo posible para no tener nunca una tarjeta amarilla o roja anexa a mi nombre. Esas tarjetas se convirtieron erróneamente en una definición de quién era yo como persona. Sin embargo, aquí es donde las cosas se pusieron muy complicadas en esa pequeña aula. Vi a niños buenos ser traicionados por los niños no tan buenos. Se convirtió en su juego inventar cosas sobre los niños buenos y luego convencer al profesor para que llamara al estudiante en cuestión a la pizarra y cambiara su tarjeta a amarilla. Algunos niños lo veían como un juego divertido y sin importancia. Yo tuve una reacción mucho más severa. Esto no era un juego. Era una pesadilla.

Ahora bien, incluso si no eres una seguidora de las reglas, creo que hay algo con lo que todas podemos relacionarnos aquí. Todo este sistema no era solo acerca de seguir las reglas. Se trataba de controlar la percepción que la gente tuviera sobre mí. Y creo que la mayoría de nosotras, sea cual sea nuestra inclinación natural, no queremos que nos malinterpreten, nos tergiversen o nos achaquen intenciones que no son ciertas.

No queremos que se nos atribuyan descripciones erróneas que no se ajusten a lo que realmente somos. Si somos fuertes, no queremos que la gente tenga la impresión de que somos débiles. Si somos compasivas, no queremos que los demás digan que somos egoístas. Si somos responsables, no queremos que nos califiquen de descuidadas. Si somos trabajadoras, no queremos que nos etiqueten de perezosas. Si estamos comprometidas a vivir como Cristo, no queremos que los demás nos acusen de características que hacen parecer que no nos tomamos en serio nuestra fe.

Así que, en mi mente, la dinámica de esa clase significaba que no solo tenía que seguir todas las reglas, sino que también tenía que quedar bien con todos. Hice todo lo que pude para que la percepción que mis compañeros tenían de mí estuviera en consonancia con la manera en que quería que me conocieran.

Era algo agotador, pero parecía ineludible. Quería que me vieran y me conocieran como alguien buena. Después de todo, que te vean pero que no te comprendan produce un peso de juicio que puede ser brutal en un corazón frágil que aún trataba de entender la vida. Y aunque querer ser buena puede parecer una cualidad maravillosa para una niña, estar desesperada porque los demás me validaran no era saludable. Esto me preparó para una forma de pensar perjudicial.

La mentalidad que mencioné al principio de este capítulo es la siguiente: las opiniones de los demás definen quiénes somos.

Si vivimos con esta mentalidad, estaremos desesperadas por tratar de controlar la percepción que la gente tiene de nosotras. Nos pasaremos la vida lidiando con las opiniones para que siempre sean favorables a nosotras y así poder sentirnos bien con nosotras mismas.

Sin embargo, piensa en la trágica realidad de esa forma de pensar. Estar demasiado preocupadas por obtener la aprobación de los demás puede darnos un corazón dividido con Dios. Gálatas 1:10 señala este asunto: «¿Qué busco con esto: ganarme la aprobación humana o la de Dios? ¿Piensan que procuro agradar a los demás? Si yo buscara agradar a otros, no sería siervo de Cristo». Además, es imposible complacer a todos todo el tiempo.

Eso lo sabemos. Hasta que lo olvidamos, especialmente con las personas cuyas opiniones nos afectan. Así que, cuando decepcionamos a la gente, pensamos diferente a ellos, no hacemos todo lo que creen que deberíamos hacer, o intentamos poner límites con los que no están de acuerdo, entonces los demás pueden pensar mal de nosotras. Y si piensan mal de nosotras, tememos que sea imposible sentirnos bien con nosotras mismas.

LA RAÍZ DEL TEMOR

Para serte sincera, esto no es solo algo con lo que luché en la escuela primaria. Es algo con lo que sigo luchando hoy en día. Tal vez todas lo hagamos en mayor o menor medida. Creo que esto afecta el temor principal en cuanto a establecer límites: si establezco un límite, alguien dejará de verme como quiero que me vean. Ya no me conocerán como quiero que me conozcan. Dejarán de creer lo mejor de mí, y hay algo dentro de mí que realmente quiere que conozcan mi mejor versión.

Por eso, cuando intentamos poner límites y las personas responden con afirmaciones que no retratan con exactitud quiénes somos, puede parecer que nos están malinterpretando y calificando erróneamente. Entonces, para luchar contra ese calificativo negativo que se nos asigna, con demasiada frecuencia abandonamos el límite. Preferimos sufrir las violaciones de los límites por parte de la otra persona que lidiar con que nos juzguen erróneamente.

¡Ay! Hola, esa soy yo. Hola, ¿eres tú?

Me enfrenté a esto hace poco. Presenté algunos hechos opuestos en una reunión en la que mi ciudad iba a votar sobre una nueva política. Esta no se aprobó, y como resultado la gente que la quería se frustró tanto que me acusó de no ser razonable. Eso me rompió el corazón. En la noche, cuando fui a dormir después de la reunión, me acosté y me desperté a las tres de la mañana con tanto pánico por haber sido malinterpretada que se me revolvió el estómago. No podía entender por qué estaba tan destrozada. Había dicho la verdad. Mis motivos eran puros y mis razones para presentarlos eran buenas. Sin embargo, las acusaciones de la gente de la otra parte en este asunto me hicieron preguntarme si en lugar de hablar debería haber sufrido lo que su propuesta le habría hecho a mi propia familia y comunidad.

Todavía estoy procesando esos sentimientos, pero algunos buenos versículos a los que me aferro son Colosenses 1:10-11: «Vivan de manera digna del Señor, agradándole en todo. Esto implica dar fruto en toda buena obra, crecer en el conocimiento de Dios y ser fortalecidos en todo sentido con su glorioso poder. Así perseverarán con paciencia en toda situación».

Quiero mantenerme viviendo de una manera digna del Señor. Quiero agradarle. Quiero dar fruto. Quiero crecer y ser fortalecida por Dios. Quiero tener perseverancia y paciencia. Eso es lo que me lleva a preguntarme: ¿es más o menos probable que viva estos versículos sin establecer un límite necesario? Mi respuesta es que es menos probable, así que debo mantener el límite hasta que el Señor me diga lo contrario.

Recuerda, puedes estar siendo racional en este momento en la tranquila seguridad mientras tú y yo navegamos a través de este libro. Es posible que estés asintiendo con la cabeza y pensando: *Sí, necesito establecer un límite y creo que puedo hacerlo.* En este momento, el límite tiene sentido. Sin embargo, ¿qué pasa si al tratar de aplicar tus límites en un momento cargado de emociones, pierdes tu determinación debido a que la otra persona hace declaraciones que te confunden, te hace cuestionar la validez de ese límite o te acusa de manera que te duele? Tienes que estar preparada para saber qué hacer.

Comprueba si has escuchado alguno de estos tipos de declaraciones por parte de otros. Evalúa si estas declaraciones han contribuido a que renuncies a establecer límites con ciertas personas. Cuando te dicen:

«Lo que hice no es para tanto. Estás siendo muy dramática».

«Estás siendo demasiado sensible».

«¡¿Y te llamas a ti misma cristiana?! Jesús no trataría a la gente de esta manera».

«Pensé que los cristianos debían perdonar».

«Tienes un corazón muy duro. Jesús nunca se habría alejado».

«Esta es solo una prueba más de que eres controladora y rencorosa».

«Jesús amaba a todas las personas y actuaba con gracia sin importar lo que pasara. Así que, ¿cuál es tu problema?».

«No pareces tú misma. Has cambiado».

«Estoy muy decepcionada de ti».

«Estás loca y esto es irracional».

«Eres muy egoísta. Lo único que te importa eres tú misma».

«¡¿En serio?! ¿Cómo puedes ser tan mala después de todo lo que he hecho por ti?».

«Estás muy equivocada. Poner límites no es bíblico».

«Pero tú eres mi (esposa, hija, mejor amiga, madre, hermana). Actuar así conmigo está fuera de lugar y es inaceptable».

He aquí por qué estas afirmaciones son tan provocadoras:

1. **Son ofensivas.** No son una imagen exacta de lo que somos. Ser incomprendida es tan brutal porque alguien se toma libertades con nuestra identidad.

2. **Son amenazantes.** Cuando alguien hace acusaciones hirientes y embiste contra nuestros límites, se puede sentir como si nos quitaran lo que sea que esta relación nos esté proporcionando y una necesidad en nosotras quedara insatisfecha.

3. **Son desilusionantes.** Cuando otra persona nos hace dudar de nuestra necesidad del límite, podemos cuestionar la realidad, nuestra cordura, nuestra racionalidad e incluso la gravedad de lo que realmente está sucediendo. Es fácil que empecemos a preguntarnos si el verdadero problema somos *nosotras* en lugar de considerar el origen y el motivo por el que nos encontramos en esta difícil dinámica en primer lugar.

Es muy importante que seamos conscientes de estos tres sentimientos que pueden hacernos vulnerables a no establecer límites sabios. He aquí lo primero que tenemos que notar sobre los efectos de estas afirmaciones desencadenantes: cada una de ellas es una prueba de que necesitamos establecer un límite con esta persona.

Y aquí está la segunda cosa que hay que notar: si tenemos temor de que esta persona piense mal de nosotras, nos abandone potencialmente, o intente hacernos sentir locas por dar un paso hacia la salud de la relación, las probabilidades de que —sin límites sabios— acabemos haciendo estas tres cosas, son aún mayores. (Querida yo: lee esa última frase una vez más... tal vez diez veces más).

Las personas poco saludables normalmente no manejan sus emociones y expectativas (se autorregulan) muy bien y pueden ofenderse fácilmente cuando su falta de responsabilidad no se convierte en tu emergencia. Su proceso de pensamiento suele ser que su necesidad supera tus limitaciones. Y el signo revelador de su nocividad es su falta de voluntad para aceptar un *no* como respuesta sin intentar hacerte sentir terrible, castigada o insegura sobre la necesidad del límite.

Si queremos mantenernos saludables, tenemos que utilizar nuestra limitada energía de la forma adecuada. Podríamos perder años poniendo todo nuestro empeño en intentar hacer cambiar de opinión a la otra persona o demostrarle por qué necesitamos el límite, o lo que es peor, podríamos dejar a un lado el límite por completo y seguir viviendo en la disfunción.

Permíteme decir algo crucial. No quiero que de repente empecemos a clasificar a todos los que nos rodean como saludables o nocivos. Pero debemos prestar atención a aquellos que aceptan nuestros límites saludables y a los que se resisten a estos.

El apóstol Pablo aborda algunos componentes clave del amor: «Esto es lo que pido en oración: que el amor de ustedes abunde cada vez más en conocimiento y en buen juicio, para que disciernan lo que es mejor, y sean puros e irreprochables para el día de Cristo». Lo que me gusta de Filipenses 1:9-10 es que el amor aquí está asociado con el conocimiento y el buen juicio. Por lo tanto, lo inverso también es cierto. La falta de sabiduría y discernimiento es en realidad falta de amor. A veces solo asociamos al amor como un sentimiento. Pero tenemos que recordar que el amor bíblico es una acción intencional en la que queremos lo mejor para nosotros y la otra persona. Teniendo esto en cuenta, al establecer límites la postura de nuestro corazón debe ser de sabiduría y discernimiento por el bien del amor verdadero y saludable.

Las personas saludables que desean relaciones sanas no tienen problemas con los límites buenos de los demás. Hebreos 5:14 nos recuerda que las personas maduras «tienen la capacidad de distinguir entre lo bueno y lo malo». La palabra *distinguir* significa que alguien puede discernir más fácilmente cuál es la manera correcta de tratar a otro y cuál no es aceptable. Lo que alguien debería decir y lo que probablemente no debería decir. Y solo porque una persona *pueda* hacer algo, no significa que deba *hacerlo*. Discernir y elegir cuidadosamente las acciones propias conduce a una sabiduría en la que pueden confiar quienes nos rodean.

Las personas saludables son personas maduras. Ellas buscan:

- comprender tus preocupaciones,
- discutir cualquier asunto que la necesidad del límite revele y
- respetar tus límites.

Las personas saludables que desean relaciones sanas no tienen problemas con los límites saludables de los demás.

Recuerda que las personas saludables que desean tener relaciones sanas saben ser responsables con el acceso que les das. Por ejemplo, si te piden prestado el coche, lo más probable es que no lo devuelvan con el tanque vacío. No obstante, si lo hacen, puedes hacerles saber que si quieren volver a tomarlo prestado, solo tienen que reponer la gasolina que usen. Y ellos deberían ver eso como una petición razonable sin hacerte sentir poco generosa.

Incluso si a alguien no le gusta un límite que has establecido, es porque no sabe la diferencia entre herir y causar un perjuicio. Una amiga que siempre llega tarde puede sentirse herida porque ya no estás dispuesta a ir con ella a los eventos, pero puede reconocer que tu límite no se estableció para causarle un perjuicio. No pensará que eres egoísta y maleducada. Tampoco te culpará por sus problemas. Y desde luego, no menoscabará tu identidad, ni perturbará tu seguridad, ni ignorará tu valoración de la realidad. Dejará de ser impuntual y viajará contigo, o simplemente se reunirá contigo en el evento. En cualquier caso, te respetará lo suficiente como para respetar tus límites.

Las personas saludables entienden tus límites porque están en contacto con sus propias limitaciones. Ellos comunican lo que pueden y no pueden hacer, lo que están y no están dispuestas a tolerar. Y esperan que tú hagas lo mismo.

Entender esto puede ayudarnos a darnos cuenta de que a veces el problema no es que no seamos buenas estableciendo límites saludables. Tal vez no seamos buenas para reconocer que no obtendremos resultados saludables de relaciones nocivas.

En algún momento del camino, por buscar la validación de los otros, hemos dejado de mirar hacia arriba. Si estamos llevando vidas honestas que honran a Dios, no debemos olvidar que el hecho de que a la gente no le gusten nuestros límites no significa que no estemos viviendo bien delante de Dios.

Cuando alguien dice algo que nos hiere o nos ofende al momento de establecer un límite, puede ser bueno examinarnos. ¿Es esto un intento de nuestra parte de hacer daño, controlar, tomar represalias, verificar o darnos permiso para ser irresponsables? Aunque examinarnos es saludable, cuestionar nuestra identidad no lo es.

Examinarnos a nosotras mismas significa evaluar una actitud o comportamiento actual para ver si está en línea con las instrucciones y la sabiduría de Dios. Cuestionar nuestra identidad es dudar de lo que somos, porque les hemos dado demasiado poder a otras personas al dejar que sus opiniones nos definan.

No conozco otra manera de decir esto, excepto siendo absolutamente directa: si nuestra identidad, la creencia fundamental que tenemos de quiénes somos, está atada a una opinión que alguien tiene de nosotras, necesitamos hacer una revaluación. Debemos ser sinceras con el acceso a nuestro corazón que le hemos dado a esa persona. No es malo permitir eso, pero cuando le damos demasiado acceso a una persona dañina, puede estremecernos hasta la médula. Cuando su opinión de nosotras empieza a afectar cómo nos vemos a nosotras mismas, podemos perder de vista lo mejor de lo que somos, ya que nos enredamos en la agotadora búsqueda de intentar mantener esa relación intacta sin importar el costo. Y cuando quedamos atrapadas en este ciclo, a veces preferimos manejar la percepción que la gente tiene de nosotras en lugar de cuidarnos a nosotras mismas y a la relación poniendo los límites adecuados.

No obtendremos resultados

saludables de relaciones nocivas.

— ups

Recuerda que en los capítulos anteriores hablamos del acceso personal y la responsabilidad. Cuando les otorgamos a otros el acceso personal a nuestra vida, esas personas deben ser responsables con él. Y el acceso emocional a nuestro corazón es especialmente importante.

LÍMITES SIN SIGNOS DE INTERROGACIÓN

No es de extrañar que nos sintamos ansiosas y que creamos que los límites solo son aceptables y legítimos si la otra persona está de acuerdo con ellos y los respeta. En otras palabras, en lugar de establecer nuestros límites y terminar la frase con un punto, añadimos una pregunta. «¿Te parece bien?». «¿Está bien?». «¿Estás de acuerdo?». «Esto es comprensible, ¿verdad?». «Ves de dónde parto, ¿sí?». Plantear un límite como una pregunta nos predispone para que nos cuestionen, nos discutan y nos falten el respeto. Si un límite se presenta con dudas, no se implementará de forma efectiva.

Ahora bien, agrega además la extraña noción de que si somos cristianas, estamos absolutamente obligadas a sacrificar lo que es mejor para nosotras en nombre de dar nuestra vida por los demás. (En el próximo capítulo veremos escrituras específicas que han sido utilizadas erróneamente para hacer que la gente se sienta culpable por sus límites). ¿De dónde sacamos la idea de que no se nos permite decir *no*, tener limitaciones o no estar dispuestas a tolerar el mal comportamiento de otras personas? Si filtramos nuestros pensamientos sobre los límites a través de percepciones erróneas, no es de extrañar que muchas de nosotras los encontremos no solo desafiantes, sino casi imposibles.

La razón es la siguiente:

No estamos seguras de quiénes somos realmente.
No estamos seguras de lo que realmente necesitamos.
No estamos seguras de que si los demás se alejan de nosotras, estaremos bien.

Plantear un límite como una pregunta nos predispone para que nos cuestionen, nos discutan y nos falten el respeto. Si un límite se presenta con dudas, no se implementará de forma efectiva.

Llegaremos a lo que necesitamos en el próximo capítulo, pero por ahora démosle un vistazo honesto a una pregunta importante. *¿Quién eres?*

Cuando me tomé un tiempo para responder a esta pregunta, me cuestioné por qué nunca había abordado este asunto antes. En un momento de honesta reflexión, me sentí increíblemente liberada al afirmar por mí misma quién soy realmente, en lugar de intentar defenderme de los juicios de los demás.

Esto es lo que soy. Soy una mujer que ama a Dios y ama a su prójimo. Por lo tanto, a causa de Cristo en mí (Gálatas 2:20), tengo el poder para ser la versión de mí que Dios quiso que fuera cuando me creó. Soy amable, creativa, atenta, generosa, divertida y leal.

Tengo esas cualidades, pero no son lo que más se nota cuando la gente me usa, abusa de mí, se aprovecha, me exige cosas poco realistas y hace suposiciones equivocadas sobre mi persona cuando digo que no. En otras palabras, si permito que alguien viole mis límites, puedo sentirme tan frustrada que actúo de manera completamente opuesta a la mujer que en realidad soy. Este tipo de reacción depende de mí —y necesito totalmente apropiarme de ella— no de lo que hace otra persona, sino de mi reacción ante sus acciones.

Así que los límites me ayudan a mantenerme fiel a lo que realmente soy. Sin límites, puedo exagerar hasta el punto de volverme ansiosa, amargada, resentida, enojada, molesta y distante. Eso no es lo que soy en realidad, así que es mi responsabilidad no dejar que las acciones y expectativas de otra persona me conduzcan a la peor versión de mí misma. En un sentido bíblico, significa no permitir que otra persona me haga traicionar lo que soy en Cristo.

Bien, es *tu* turno de responder a esta pregunta crucial: *¿quién soy?* Haz una pausa aquí. Reflexiona al respecto.

Y si te cuesta responder, quizá sea porque has perdido a la persona. A veces podemos dejar que las opiniones y necesidades de otros nos definan durante tanto tiempo que nos perdemos a nosotras mismas en el proceso. O tal vez las circunstancias han sido tan confusas, quizás incluso brutales, que sentimos que la vida nos ha reducido a alguien por quien los demás se sienten mal. Me he sentido exactamente así durante los últimos años de mi vida. Quería ser una mujer de Dios victoriosa, no una víctima de un montón de circunstancias que me tomaron desprevenida y se encargaron de que todo se desmoronara.

Hay mucho más para nosotras que ser la suma total de lo que nos ha sucedido. ¿Verdad? Entonces, ¿cómo volvemos a ser la persona que éramos antes de todas las cosas difíciles?

Hace poco estuve en una llamada grupal de Zoom con mi amiga Amanda después de que ella leyera una primera versión de lo que he escrito aquí. Se emocionó al hablarme de una foto que su madre encontró en el joyero de su abuela después de que esta falleciera. La vieja fotografía en blanco y negro era de un hermoso bebé de mejillas regordetas y cabello oscuro.

«No había visto esa carita en el joyero de mi abuela en más de veinticinco años. Veinticinco años. Soy yo cuando era bebé. La versión más pura de mí. Esta soy yo antes de que la vida pasara y escribiera su propia historia sobre mí. Antes de que las circunstancias de la vida me hirieran, me rompieran el corazón, me agotaran y me pisotearan».

Sus lágrimas corrían por sus mejillas mientras las demás tratábamos de controlar los nudos en nuestras propias gargantas. El bebé de la foto era Amanda, pero la verdad de este momento se aplica a todas nosotras.

Imagínate a ti misma como una bebé recién salida de las manos de Dios. Inocente. Felizmente inconsciente de la tragedia y el trauma. Imagínate mirándola a los ojos. ¿Qué le dirías? ¿Quién quieres decirle que es antes de que la vida escriba su historia? Díselo ahora.

Recuerda que estás más cerca de quien realmente eres cuando estás más cerca de lo que Dios ideó que fueras.

Otro recuerdo que podrías evocar es acordarte de ti misma antes de que te hirieran de verdad. Antes de que ella dijera lo que dijo. O que él hiciera lo que hizo. O antes de ese suceso en el que todo cambió y te sentiste un poco dañada. ¿Quién eras?

Piensa en un recuerdo, uno de los primeros años de tu vida, e intenta acordarte de quién eras antes de que empezaras a buscar la validación de los demás. Antes de que empezaras a ser hiperconsciente de tus defectos y debilidades que dejaras de verte como alguien digna, valiosa y diseñada por Dios con un propósito. Si no te viene nada a la mente de tu primera infancia, habla con una de tus fotos de bebé y dile con ternura que no necesita vivir con un afán insano de buscar constantemente la validación de los demás.

Ahora, escribe las cualidades que son verdaderas sobre la versión más auténtica y maravillosa de ti.

Esa es tu belleza. El objetivo es caminar humildemente y con propósito en esa belleza y apropiarte de ella. Sirve con esa llenura. Da desde esa plenitud. Camina con confianza en el hecho de que nuestro Dios todo suficiente no te hizo insuficiente ni fracturada. Sí, necesitamos crecer y desarrollarnos y buscar ser más y más como Jesús. Pero al igual que una semilla contiene todo lo necesario para florecer, nosotras también. Todo lo que una semilla atraviesa para convertirse en una planta es parte del proceso de llegar a ser aquello para lo que fue diseñada, no de un proceso para determinar su valor (1 Corintios 15:38-44).

Este ejercicio es más importante de lo que crees. Si no sabemos quiénes somos, seremos constantemente manipuladas para lo que otros quieren que seamos o nos veremos envueltas en las necesidades de otras personas.

Cuando sabemos quiénes somos, estamos completas y dispuestas para amar, servir y dar a los demás desde esa plenitud. Si no sabemos quiénes somos, entonces vamos a amar, servir y dar esperando que la gente llene nuestros lugares vacíos y nos haga sentir plenas. Y al hacerlo, siempre nos definiremos por cuán bien o cuán mal alguien más nos haga sentir.

Ahora bien, eso es solo la introducción a este capítulo. Es posible que mi pasión por este tema haya hecho soplar demasiado viento en mi vela, o agregado palabras en mi capítulo. Bienvenida a mi charla TED desmedidamente extendida. Solo bromeo. En realidad estamos llegando al final.

En el próximo capítulo, edificaremos sobre lo que hemos aprendido aquí. Hay un fundamento aún más seguro para saber quiénes somos que simplemente declararlo nosotras mismas. Queremos dejar que la Palabra de Dios se convierta en las palabras de verdad en cuanto a nuestra identidad. Cuando Dios es la fuente de nuestra identidad, somos mucho menos propensas a que otros alimenten nuestra inseguridad.

Sin embargo, antes de pasar a la siguiente página, quiero hacer algo diferente aquí mismo. Juntas, hemos procesado mucho en este capítulo. A veces necesitamos leer. Otras veces necesitamos interiorizar lo que hemos leído. Ahora es el momento de sentarse y reflexionar. Respira profundamente. Toma un baño de burbujas. O pon algo de música de alabanza.

O si piensas mejor cuando tu cuerpo está en movimiento, sal a caminar. O a correr. (Esa no seré yo, porque no quiero perder un pulmón mientras intento cuidar bien mi corazón. Pero cada cual a lo suyo). Tómate un minuto para bailar con tu canción favorita. Y si no es una canción de alabanza, cántasela a Jesús como si lo fuera. O mi opción preferida, monta en bicicleta mientras cantas a todo pulmón tu canción favorita como si en ese momento sonara tu música favorita. No se trata de lo que hagas. La cuestión es reflexionar y recordar quién eres.

Mientras dejas que todas estas palabras se asienten en tu interior, ora y pídele a Dios que te ayude a conocer a través de él quién eres en realidad. Él te creó y te hizo a su propia imagen. Capta una imagen de su bondad y encontrarás una parte de ti allí.

Te dejo con estas palabras que escribí por primera vez en mi diario y que luego trasladé a mi libro *Sin invitación* hace años: «El amor de Dios no se basa en mí. Simplemente es puesto en mí. Y ese es el lugar desde el cual debería vivir... amada».[1]

Una nota de Jim sobre cómo hablar con tu yo más joven

Si pudieras volver a una versión más joven de ti, quizás incluso en una época en la que cometiste algunos errores, ¿qué te dirías a ti misma? ¿Te dirías palabras de desprecio o de compasión? La compasión dice: «Así es como te protegería ahora. Así es como te ayudaría. Así es como podría proporcionarte un entorno más seguro». Basándote en ese ejemplo, ¿qué palabras de compasión le dirías a tu yo más joven? A menudo, son las mismas palabras de afirmación que necesitas decirte hoy.

Ahora, apliquemos esto...

- Las personas saludables que desean relaciones sanas no tienen problemas con los límites.

- Si nuestra identidad, la creencia fundamental que tenemos de quiénes somos, está atada a una opinión que alguien tiene de nosotras, necesitamos hacer una reevaluación.

- Plantear un límite como una pregunta nos predispone a que nos cuestionen, nos discutan y nos falten el respeto. Si un límite se presenta con dudas, no se implementará de forma efectiva.

- Es mi responsabilidad no dejar que las acciones y expectativas de otra persona me conduzcan a la peor versión de mí misma.

- No obtendremos resultados saludables de relaciones nocivas.

- Cuando Dios es la fuente de nuestra identidad, somos mucho menos propensas a que otros alimenten nuestra inseguridad.

RECIBE:

¿Qué busco con esto: ganarme la aprobación humana o la
de Dios? ¿Piensan que procuro agradar a los demás?
Si yo buscara agradar a otros, no sería siervo de
Cristo. (Gálatas 1:10)

En cambio, el alimento sólido es para los adultos, para los
que tienen la capacidad de distinguir entre lo bueno y
lo malo, pues han ejercitado su facultad de percepción
espiritual. (Hebreos 5:14)

Esto es lo que pido en oración: que el amor de ustedes
abunde cada vez más en conocimiento y en buen

juicio, para que disciernan lo que es mejor, y
sean puros e irreprochables para el día de Cristo.
(Filipenses 1:9-10)

REFLEXIONA:

- Escribe lo que piensas sobre la siguiente afirmación y cómo esta advertencia se aplica a tu vida en este momento: «No obtendremos resultados saludables de relaciones nocivas».
- ¿Qué crees que significa estar en contacto con tus propias limitaciones? ¿Por qué es importante para la salud de tus relaciones?

ORACIÓN:

Jesús, gracias por ser el refugio al que puedo volver cuando estoy luchando con mi identidad. Cuando tenga la tentación de buscar la validación y la aceptación de los demás, recuérdame que te mire a ti. Al reflexionar sobre las verdades que he leído, te pido que el Espíritu Santo abra mis ojos para hacer un inventario de mi propia vida, de las limitaciones comprensibles de mi capacidad, y que pueda considerar personalmente cualquier cambio potencial que necesite implementar. Gracias por la gracia y la paciencia que tienes conmigo mientras crezco y aprendo en este viaje. En el nombre de Jesús, amén.

CAPÍTULO 8

Tratar de hacer que alguien sea feliz no debería ser tu definición de saludable

«Mamá, creemos que necesitas un cachorro».
Antes de que mis hijos adultos, que ya no viven en casa, llegaran a la segunda sílaba de la palabra *cachorro*, dije que no. Había muchas razones. Pero sobre todo sentí que toda esta conversación era un código para «querer toda la diversión de un cachorro sin asumir las responsabilidades diarias que trae dicho cachorro». Si me convencían, podrían quererlo y disfrutarlo cuando quisieran, pero luego elegirían dejarlo conmigo para que hiciera todo lo demás.

Así que, por supuesto, acabé teniendo un cachorro.

Y todo salió exactamente como lo había pensado.

Sin embargo, con lo que no había contado era con enamorarme completamente de esta pequeña bola de pelo color albaricoque llena de pura alegría. ¿Y sabes que es prudente que algunos perros sean entrenados en la jaula? Sí, bueno, eso no estaba funcionando para mi pequeño cachorro llamado Givey. Cada vez que lo metía en su jaula, gemía y lloraba hasta que no podía soportarlo más y lo dejaba salir. No obstante, este patrón no estaba ayudando en el área del entrenamiento para ir al baño o la orden de no masticar mis cosas.

Un día, mi amiga Shae vino a trabajar en algunos proyectos y Givey se estaba comportando de una forma rara. Él hacía lo contrario a todo lo que un buen cachorro debería hacer. Después de recoger casi todo un rollo de papel higiénico masticado esparcido por el piso de la sala de estar, dije: «Sé que debería meterlo en su jaula para disciplinarlo, pero no soporto oírlo llorar».

Shae respondió: «¿Sabes?, mi madre tenía una frase muy sabia que solía decir cuando entrenábamos a nuestra perra, Rosie, en la jaula. Cuando se ponía a llorar y todos nos sentíamos mal por Rosie, mi madre decía: «*Bueno, yo tampoco soy feliz el cien por ciento del tiempo. Va a estar bien*».

Quiero decir que mamá Tate tiene un buen punto aquí.

Y solo para que lo sepas, Givey finalmente no solo se acostumbró a pasar cantidades apropiadas de tiempo en su jaula, sino que terminó gustándole tanto que ahora a veces se mete en ella por su cuenta. Creo que la jaula se ha convertido en su lugar seguro en este gran mundo.

Y ciertamente, trajo mucho alivio a mi vida de mamá de un cachorro.

Poner a Givey en su jaula cuando salgo de casa o simplemente cuando necesita disciplina me ayudó a establecer un límite entre su espacio propio y el mío. Si quiere morder algo suyo en su jaula, genial. Pero en el resto de la casa, morder mis cosas no es aceptable.

Givey no es un cachorro malo. De hecho, es bastante sorprendente. No obstante, en ese momento no tenía entrenamiento. Y creo que no tener límites alimentó su ansiedad. Se vio obligado a tratar de averiguar lo que podía y no podía hacer. Esto no le dio una sensación de libertad, lo aprisionó en la incertidumbre.

Definir lo que es y lo que no es aceptable es aún más importante en las relaciones humanas. Si la gente nos molesta constantemente, nos frustra, nos agota o nos pasa por encima, lo más probable es que no sean la clase adecuada de personas para nuestro círculo o no tengamos el tipo correcto de límites. O tal vez ambas cosas. Los límites saludables alivian la pena de dejar que las opiniones, los problemas, los deseos y las agendas de otras personas dirijan nuestra vida.

No obstante, si vemos los límites como un billete de ida para actuar de forma desagradable, anticristiana o insensible, no habrá alivio, porque nos consumirá la pena de que los demás no estén contentos con nosotras. O llevaremos el horrible peso de la culpa de decir que no y preocuparnos por las consecuencias que no son nuestras.

Espera... ¿alivio? Es posible que pienses: *Los límites no aportan alivio. Pueden hacer que la otra persona se enfade o se decepcione lo suficiente como para decir cosas hirientes sobre mí. Solo quiero mantener la paz, así que aceptaré sus actitudes y comportamientos para no tener que lidiar con las consecuencias de enfrentarme a todo esto.*

Y amiga, eso puede parecer que funciona durante un tiempo.

Sin embargo, no te equivoques: a la larga, tendrás el equivalente a una sala de estar llena de papel higiénico destrozado y un corazón lleno de resentimientos latentes. Si no se detiene el ciclo al establecer límites apropiados, habrá una futura explosión emocional de frustración de la que luego te arrepentirás, o resentimientos latentes que te corroerán silenciosamente por dentro hasta que en realidad no puedas soportar a esa persona.

A veces, la peor clase de ira y amargura se produce cuando te sientes obligada a sonreír por fuera mientras gritas por dentro.

Yo he pasado por eso. A veces perdiendo los estribos porque dejaba que las cosas sucedieran por tanto tiempo, que no podía contener más mi frustración. O a veces mordiéndome la lengua tanto tiempo, que ya no tenía el deseo de estar cerca de esa persona.

Si la gente nos molesta constantemente, nos frustra, nos agota o nos pasa por encima, lo más probable es que no sean la clase adecuada de personas para nuestro círculo o no tengamos el tipo correcto de límites.

No estoy orgullosa de ninguno de estos extremos. Y ninguna de estas reacciones coincide con lo que realmente soy como persona. De verdad, eso es lo que me duele tanto cuando recuerdo esas reacciones de las que me arrepiento. Permití que las cosas llegaran a un punto tan malo que no pude aferrarme a mi verdadero yo. Y cuando perdí mi verdadero yo, nunca recuperé nada bueno. Perder los estribos nunca mejoró nada. Y reprimir mis frustraciones nunca hizo que las cosas difíciles desaparecieran. Sabía que necesitaba límites, ¿por qué dejaba entonces que los comentarios de los demás socavaran mi identidad?

En el capítulo anterior consideramos cómo responder a la pregunta: «¿Quién soy?». Sin embargo, ¿cómo ponemos en práctica todo esto en el contexto de una dinámica relacional verdaderamente desafiante?

Hay innumerables mujeres casadas que se han acercado a mí con el corazón quebrantado y sintiéndose paralizadas por la lucha que tienen sus esposos con la pornografía y su negativa a buscar ayuda. Por lo general, la esposa trata de poner un límite al decir que ya no puede permitir que este asunto siga sin tratarse. Declara que irá a un consejero para que la ayude a procesar el trauma que esto le está causando a su corazón. Si su esposo quiere acompañarla y trabajar en una solución saludable, entonces pueden avanzar juntos hacia la sanidad.

Los límites saludables alivian la pena de dejar que las opiniones, los problemas, los deseos y las agendas de otras personas dirijan nuestra vida.

— *Lysa*

Si su esposo se niega, ella le dice que a fin de buscar la sanidad para sí misma, hará algunos cambios necesarios. Luego trabaja con su consejero en los límites y consecuencias necesarios para mantener su corazón protegido y evitar sentirse devastada por las acciones de su marido. Sabe que los límites no sirven para cambiar a su esposo, ni para obligarlo a ver las cosas como ella, ni siquiera para darle lecciones. Por supuesto, quiere que su marido deje de ver pornografía. Pero él tiene que hacer ese cambio por sí mismo. Por lo tanto, sus límites deben ayudarla a manejar el dolor sin perder constantemente los estribos o llenarse de amargo resentimiento.

No obstante, aquí es donde todo podría desmoronarse. La esposa establece límites necesarios y su esposo arremete contra ella: «Con razón veo porno. Mira qué gruñona eres. Eres tan dramática. No es para tanto. Todos los hombres lo hacen. Ni siquiera puedo confiar en ti con mis luchas, porque siempre estás buscando algo malo en mí. ¿Y crees que esta pequeña táctica de límites va a hacer que me sienta más atraído a ti? No, esto solo me demuestra que tengo razón, ya que no te importan mis necesidades».

Ella se siente herida por todo lo que él dice. Ama a su esposo. Tiene miedo de perderlo. Se siente muy sola. No piensa que pueda contárselo a nadie. Ahora, no solo experimenta el dolor de la traición de su esposo, sino que empieza a cuestionarse si realmente es *ella* la culpable. Se pregunta: *¿Soy digna de confianza? ¿Soy demasiado dramática? ¿Soy tan dominante que lo empujo a hacer esto?*

Así que deja a un lado los límites, intentando demostrarle que ella no es ninguna de esas cosas de las que la acusó y esperando que todo mejore. Pero no se da cuenta de que al dejar a un lado el límite, no se aborda el verdadero problema de que su marido vea pornografía. Ella es la única que soporta las consecuencias de las decisiones de su esposo y el ciclo de dolor de sus acciones probablemente continúe. Acabará devastada, enfadada y sintiéndose como una rehén en una situación que nunca mejorará.

Después de años de ira no resuelta, empieza a reaccionar en formas que nunca pensó que lo haría. Hace comentarios pasivo-agresivos. Se pone frenética por saber dónde está su marido y qué está haciendo en todo momento. Tiene tanto temor de lo que él pueda estar haciendo con su computadora y su teléfono, que intenta controlar todos sus movimientos. En esencia, corre el riesgo de convertirse en lo mismo que intentaba demostrar que no era.

Esta mujer es amable, leal, responsable y generosa. La única oportunidad que tiene de mantener lo mejor de ella al frente y en el centro de su vida diaria es recordando que los límites no son para alejarlo, sino que la ayudan a mantenerse firme. En el fondo, lo que está destrozando su matrimonio no es su necesidad de establecer límites, sino las decisiones inapropiadas y antibíblicas por parte de él (Gálatas 5:19-21).

Si estás leyendo esto y te encuentras en una situación similar en la que el comportamiento de otra persona te está afectando profundamente, lo entiendo.

Me identifico con la angustia desgarradora de lo que los engaños y todo tipo de abuso le hacen al corazón de una esposa que no quiere nada más que ser plenamente elegida, puramente amada y honorablemente protegida en la relación matrimonial. Es en esta relación en la que la esposa se permite ser más abierta y vulnerable, por lo que es donde experimenta el dolor más profundo. Me he sentado con muchas mujeres que han experimentado la traición. He llorado con ellas. Me he sentido desconcertada con ellas. He clamado a Dios junto a ellas pidiendo que la locura se detenga. Me he preguntado con ellas por qué sucede esto. He procesado con ellas cómo podemos perdonar y seguir adelante. Y he llorado con ellas un poco más.

Y ciertamente, hay maridos que también conocen esta misma angustia y traición. Cuando uno de los cónyuges empieza a guardarle secretos al otro para encubrirse y continuar con patrones hirientes en lugar de amar a su cónyuge y su familia, da lo mejor de sí mismo para invertirlo en relaciones inapropiadas. Este es uno de los dolores más profundos que un alma puede conocer. Y es doblemente aplastante cuando al abordar esas cosas con tu cónyuge, te cuentan una historia llena de medias verdades, verdades encubiertas o promesas de cambio que no tienen intención de cumplir.

He llevado cientos de estas conversaciones dentro de mi cabeza, tratando de darle sentido a acciones que nunca tendrán sentido.

Es un viaje brutal aprender que podemos estar bien incluso cuando las decisiones de alguien a quien amamos no están bien en absoluto. Tratar de mantenerse íntegra en el proceso sin importar cuán fracturada esté la otra persona se siente como algo que suena bien en teoría, pero que no es una opción para las chicas quebrantadas de corazón como nosotras.

Ver cómo otra persona destroza una vida que amamos nos golpea con olas de dolor. Y es este dolor por lo que tememos perder lo que nos hace sentir miedo de poner límites y usar nuestra voz para decir: «¡Ya basta!».

Sentimos profundamente, por lo que nos duele inmensamente. Nuestra mente y nuestro pulso están todo el tiempo acelerados por los desencadenantes, los miedos y los peores escenarios. Y aunque normalmente no estamos preparadas para las represalias, a veces nos sentimos bien al agacharnos en el lodo y devolvérselo a quien nos hace tanto daño.

Es ahí cuando debemos decir que esta persona ya nos ha destruido. Y no vamos a permitir que esta situación nos lleve a tomar decisiones de represalia que añadan el peso de nuestro propio arrepentimiento a todo el otro dolor.

Entonces, ¿cómo nos mantenemos íntegras día tras día cuando alguien parece estar trabajando horas extras para destrozarnos? Insisto, para eso debemos poner límites, pedirles ayuda a los demás, y usar nuestra voz para decir: «_____ no es aceptable, y trabajaré para mantenerme segura y saludable sin importar lo que mi cónyuge elija de ahora en adelante».

Desde luego, trazar límites en un matrimonio en el que se producen traumas como la infidelidad y el abuso se aplica a algunas de nosotras, pero no a todas. En cualquier caso, todas debemos no solo trazar los límites adecuados, sino también proteger nuestra verdadera identidad.

A menudo, habrá situaciones cotidianas que nos hagan cuestionar quiénes somos basándonos en las acciones o reacciones de otra persona. Por ejemplo:

- Una amiga íntima no te invita a ser dama de honor en su boda, y de repente te cuestionas si realmente te considera una amiga.
- Te equivocas en el trabajo y tu jefe te dice que debes prestar más atención a los detalles. De repente te cuestionas si realmente tienes lo necesario para cumplir con tu función.
- Un vecino se queja constantemente de que no cumples con las normas de la Asociación de Propietarios de Viviendas, y te preguntas por qué parece que nunca puedes lograrlo.
- Un padre expresa su decepción porque has decidido no viajar a su casa, que se encuentra a varias horas de distancia, para el Día de Acción de Gracias de este año, y te pregunta si esto significa que eres una mala hija.

Si personalizas un incidente vinculándolo a tu identidad, cargarás con su peso como si fuera un pecado demasiado vergonzoso. Si no lo personalizas, sino que ves la situación como un momento para hacer una pausa y reflexionar, podrás determinar con humildad qué hacer y cómo procesarlo.

Tal vez esta sea una oportunidad para preguntarte: «¿Es esto algo que debe transformarme o informarme?». Si algún aspecto de esta situación te ayuda a desarrollarte de forma saludable, recíbela como una oportunidad de crecimiento.

O si las acciones de una persona no son útiles, sino hirientes, o si sus peticiones no son realistas, deja que esto informe tu respuesta. Discierne... ¿necesito hablar con esta persona sobre esto? ¿Necesito establecer expectativas más sanas? ¿Debemos convenir en que podemos no estar de acuerdo? ¿Necesito poner un límite?

Considera el último ejemplo sobre el viaje de Acción de Gracias y apliquemos un poco de sabiduría a esta situación.

Reflexiona en si esto es una oportunidad potencial para ser transformada: ¿están tus padres decepcionados porque realmente has descuidado la relación? ¿No vas a ir a verlos por represalia o por falta de amabilidad? ¿Te comprometiste a ir y luego surgió otra oportunidad que parecía más divertida? Quizá el enfado de tu madre o tu padre sea legítimo y reconsideres tu decisión.

Si no es así, piensa en cómo esta situación puede informarte: la decepción de tus padres puede ser una señal de que les está costando cambiar las tradiciones, y tal vez solo necesites invitarlos a venir a tu casa. No los estás rechazando, y estás siendo realista sobre el deseo de tu familia de no pasar tanto tiempo en la carretera. No estás siendo poco amable. Estás siendo sabia al reconocer la necesidad de tu propia familia de permanecer juntos en tu hogar y establecer tus propias tradiciones.

O tal vez la decepción de tus padres te está informando algunos problemas más profundos y tendencias poco saludables que se deberían abordar, por lo que el hecho de establecer límites ayudaría.

En cualquier caso, esto es lo que no debemos hacer: asociar la decepción de los padres a nuestra identidad. Que otra persona esté decepcionada no *nos* convierte en una decepción. Podemos escuchar las declaraciones de los demás con el fin de considerar si hay algo de verdad en ellas, y si es así, qué es lo que necesitamos aceptar con humildad. Sin embargo, no podemos aferrarnos a la decepción de otra persona como una acusación de lo que somos. Recuerda el ejemplo de Jesús que se encuentra en 1 Pedro 2:23: «Cuando proferían insultos contra él, no replicaba con insultos; cuando padecía, no amenazaba, sino que se entregaba a aquel que juzga con justicia».

No tengo todas las respuestas. No para las dificultades y los obstáculos relacionales cotidianos. No para la mujer cuyo marido se niega a reconocer que la pornografía es un problema grave que está destrozando a su esposa y su matrimonio. No para todos los otros tipos de devastaciones que muchas han soportado. No para explicar por qué sucede todo esto y cuándo dejará de suceder. Algunas cosas son horriblemente espantosas y demasiado complicadas.

No obstante, hay una respuesta que sí tengo: los demás no tienen la última palabra sobre lo que somos. La tiene Dios. Por lo tanto, lo que hace posible no caer en una versión fracturada y frágil de la mujer que estamos destinadas a ser es esto: debemos poner un límite alrededor de nuestra identidad, protegiéndola y guardándola, usando la verdad de Dios para informar y afirmar lo que sabemos, lo que sentimos y lo que hacemos.

PERMANECE ÍNTEGRA

No podemos controlar lo que otros creen. No podemos controlar lo que otros sienten. No podemos controlar lo que otros hacen. Pero sí podemos controlarnos y ser responsables de nosotras mismas. Como ya hemos hablado, los límites no están pensados para controlar a los demás, sino que hacen posible que mantengamos la compostura.

En el capítulo anterior, analizamos los fundamentos de la pregunta: *¿quién soy?* Escribimos las cualidades que honran a Dios que sabemos que son verdaderas sobre nosotras mismas y nos comprometimos a vivir de acuerdo con lo que realmente somos. Ahora, planteemos la pregunta: *¿qué es lo que hace a una persona íntegra?*

Sé que esta es una gran pregunta. Sin embargo, vale la pena analizarla, porque ser íntegra tiene un gran impacto no solo en nuestra salud, sino en la calidad de las relaciones que nos atraen. Las personas íntegras tienden a gravitar hacia personas íntegras. Las personas fracturadas tienden a atraer a otras personas fracturadas.

Profundicemos un poco más desglosando esta cuestión en tres realidades espirituales: *ortodoxia, ortopatía y ortopraxis.* Ahora bien, no te dejes intimidar por lo rebuscado de esas grandes palabras. Estos términos también son nuevos para mí. Pero he aquí la razón por la que estoy tan comprometida a comprender mejor estos términos tan profundos: quiero ser íntegra. Y como quiero ser íntegra, debo mantener los comentarios que dicen otras personas acerca de mí separados de lo que creo sobre mí misma. Por lo tanto, debo permanecer íntegra manteniendo lo que sé, lo que siento y lo que hago alineado con la verdad de Dios sobre lo que soy.

Ortodoxia: Lo que sabemos. La doctrina correcta.

En cambio, la sabiduría que desciende del cielo es ante todo pura, y además pacífica, bondadosa, dócil, llena de compasión y de buenos frutos, imparcial y sincera. En fin, el fruto de la justicia se siembra en paz para los que hacen la paz. (Santiago 3:17-18)

Concentren su atención en las cosas de arriba, no en las de la tierra. (Colosenses 3:2)

Ortopatía: Lo que sentimos. Las emociones correctas.

Un tiempo para llorar, y un tiempo para reír; un tiempo para estar de luto, y un tiempo para saltar de gusto. (Eclesiastés 3:4)

Bendigan a quienes los persigan; bendigan y no maldigan. Alégrense con los que están alegres; lloren con los que lloran. (Romanos 12:14-15)

Ortopraxis: Lo que hacemos. La vida correcta.

¡Ya se te ha declarado lo que es bueno! Ya se te ha dicho lo que de ti espera el Señor: Practicar la justicia, amar la misericordia, y humillarte ante tu Dios. (Miqueas 6:8)

No se contenten solo con escuchar la palabra, pues así se engañan ustedes mismos. Llévenla a la práctica. (Santiago 1:22)

Debo permanecer íntegra
manteniendo lo que sé, lo que
siento y lo que hago alineado con la
verdad de Dios sobre lo que soy.

La integridad surge cuando las tres cosas están alineadas con lo que Dios quiere que yo sea. Un ser humano fracturado es alguien que ha desconectado de su esencia alguna parte de sus pensamientos, sentimientos o acciones.

Por ejemplo, si soy una persona bondadosa, entonces mis pensamientos (ortodoxia), sentimientos (ortopatía) y acciones (ortopraxis) deberían alinearse con esa realidad de integridad. Pero si permito que las declaraciones y acciones de otras personas me pongan tan nerviosa que empiece a tener pensamientos severos, sentimientos amargos y reacciones sarcásticas, esto es una fractura que probablemente esté indicando que es necesario un límite para ayudarme a encontrar la alineación y la integridad.

Si soy una persona responsable, pero digo que sí a demasiadas cosas porque tengo mucho temor de decirles que no a los demás, es muy probable que cometa errores. Esto no es porque sea irresponsable. Es porque lo que sabía que debía hacer y lo que me parecía correcto (decir que no a demasiadas peticiones) se fracturó por causa de lo que realmente hice (decir que sí a todo).

Al igual que un brazo fracturado se debilita para ser utilizado correctamente, si estamos fracturadas en nuestro pensamiento, no utilizaremos lo que pensamos de manera saludable. Si tenemos nuestros sentimientos fracturados, no usaremos nuestras emociones de manera saludable. Si estamos fracturadas en nuestro hacer, no actuaremos ni reaccionaremos de manera saludable.

Entonces, ¿qué tiene que ver esto con los límites?

1. Los límites nos recuerdan la definición correcta de lo saludable.

Si vives en la tensión constante de que la única manera de salvar una relación es mantener a esa otra persona feliz, el objetivo de que alguien más sea feliz no debería ser tu definición de saludable. Estás completa y sana cuando lo que eres como hija de Dios se alinea con lo que sabes (ortodoxia), lo que sientes (ortopatía) y lo que haces (ortopraxis).

Nuestros límites no complacerán a algunas personas. Nuestros límites no serán aplaudidos ni apreciados, ni nos ayudarán a tener a todo el mundo contento. Nuestros límites no serán la solución rápida para que todas nuestras relaciones se sientan mejor. Nuestros límites no serán el «truco» para enseñarles a las personas una lección que sus madres nunca les dieron. Nuestros límites no nos harán parecer las supercristianas capaces de saltar edificios altos y asumir el peso de los problemas, la irresponsabilidad y las demandas irracionales de los demás con una sonrisa en nuestros rostros.

Sin embargo, lo que los límites harán por aquellas de nosotras aterrorizadas de ser incomprendidas es eliminar por fin la noción de que tener limitaciones y necesidades es egoísta. Y podemos aceptar por fin que no todo el mundo estará contento con nosotras, y eso no es malo en absoluto.

2. Los límites impiden que las personas quebrantadas nos lesionen.

Quiero amar bien a las personas correctas. No quiero quedarme tan vacía con las personas quebrantadas que no me quede nada para darle a nadie más. Y no quiero quedar tan destruida que deje de funcionar como un conducto de la bondad de Dios en este mundo.

Durante casi una década, las incesantes dificultades y angustias han amenazado con moldearme y convertirme en alguien que no soy. Por eso he aprendido a prestarles mucha atención a mis pensamientos, mis sentimientos y mis acciones. Los someto a la verdad, tal como nos enseña Pablo en 2 Corintios 10:5: «Derribando argumentos y toda altivez que se levanta contra el conocimiento de Dios, y llevando cautivo todo pensamiento a la obediencia a Cristo» (RVR1960).

Ese versículo me motiva, pero a veces inclino la cabeza y me pregunto: *¿Cómo puede ayudarme esta verdad ahora mismo en esta situación... en este quebranto... en esta relación enloquecedora?* En esencia, no puedo dejar que el *pensamiento* quebrantado de otras personas me afecte hasta el punto de desalinear mi pensamiento con la verdad de Dios. No puedo dejar que los *sentimientos* fracturados de otras personas me afecten hasta el punto de que mis sentimientos se desalineen con la verdad de Dios. Y no puedo dejar que las *acciones* de otras personas me afecten hasta el punto de que mis acciones se desalineen con la verdad de Dios.

Porque cuando cualquier parte de mí se desalinea con la verdad de Dios, traiciono la mejor versión de mí misma.

Tenemos que saber quiénes somos para no perdernos en las realidades lesionadas de los demás. No podemos vivir para satisfacer las exigencias irreales de otras personas.

Así que, insisto, *¿quién eres?* Si eres amable, los límites correctos están pensados para ayudarte a seguir siendo amable. Si eres responsable, los límites correctos te ayudan a seguir siendo responsable. Si eres leal, los límites correctos te ayudan a seguir siendo leal. Si eres generosa, los límites correctos te ayudan a seguir siendo generosa. Continúa así, usando las cualidades que Dios mismo mencionó sobre ti. No te bases en las opiniones de otras personas, sino en lo que él ideó que fueras.

La pregunta *¿quién eres?* es muy importante. Por eso hemos dedicado dos capítulos a explorarla. Y si reconoces (como yo) que algunas partes de tu verdadero yo han sido lesionadas por estar en relaciones con personas quebrantadas, cerremos este capítulo viendo algunas cualidades que podemos enfocarnos en desarrollar. Y no solo en desarrollarlas, sino también en vivirlas para poder estar firmes en Jesús, el que asegura nuestra identidad, de modo que no estemos constantemente tratando de descubrirla por nosotras mismas. Abramos la Palabra de Dios y veamos Colosenses 3.

Colosenses 3:12-16 dice:

Por lo tanto, como escogidos de Dios, santos y amados, revístanse de afecto entrañable y de bondad, humildad, amabilidad y paciencia, de modo que se toleren unos a otros y se perdonen si alguno tiene queja contra otro. Así como el Señor los perdonó, perdonen también ustedes. Por encima de todo, vístanse de amor, que es el vínculo perfecto. Que gobierne en sus corazones la paz de Cristo, a la cual fueron llamados en un solo cuerpo. Y sean agradecidos. Que habite en ustedes la palabra de Cristo con toda su riqueza: instrúyanse y aconséjense unos a otros con toda sabiduría; canten salmos, himnos y canciones espirituales a Dios, con gratitud de corazón.

En el mismo capítulo 3, Pablo nos exhorta a ponernos el ropaje de «la nueva naturaleza» (versículo 10). El lenguaje de Pablo aquí habría aludido a la ropa real que los reyes y los funcionarios importantes del reino vestían cuando regresaban victoriosos de la batalla en los tiempos bíblicos. De la misma manera, si un rey o un funcionario eran derrotados en una batalla, había una ceremonia en la que se quitaban las ropas reales y se ponían las ropas que representaban su derrota mientras eran conducidos a la muerte.[1]

En Colosenses 3, el lenguaje de Pablo sobre «ponerse» y «quitarse» se refiere a este antiguo contexto. Si tú y yo decimos que le mostramos lealtad a Jesús, pero luego nos vestimos con ropas de derrota, que son cosas tales como la ira, el enojo, la malicia, la calumnia, el lenguaje sucio y la mentira, esto en realidad apunta a una falsa lealtad.[2]

En cambio, Pablo nos dice que nos vistamos con el ropaje de la victoria que nos dio Jesús (compasión, bondad, humildad, amabilidad, paciencia, perdón, amor, unidad, paz, agradecimiento, sabiduría, gratitud). Estas cualidades le dan al mundo evidencia de nuestra fiel lealtad a nuestro victorioso Rey Jesús.

Estamos caminando en victoria. Por lo tanto, debemos llevar nuestra ropa de victoria. No se trata solo de que seamos amables porque tenemos una inclinación natural a querer ser amables. O que seamos pacientes porque tenemos una tendencia natural a ser pacientes. Mostramos estas cualidades externas debido a una comprensión interna de quiénes somos. La Biblia dice claramente que somos escogidas, santas y amadas por Dios. Ver el comienzo de Colosenses 3:12. Lo mejor de quiénes somos es posible gracias a lo mejor que Dios ha hecho por nosotras. Él nos ha escogido. Nos ha apartado para su santo propósito. Y nos ama con un amor intencional y dedicado que no nos abandona.

Los límites que ponemos son salvaguardas que mantienen intacta nuestra lealtad a él. Así que cuando respondas a esta pregunta —*¿quién soy?*—, Colosenses 3 es un gran lugar para empezar. Y por favor, ten en cuenta que estas cualidades que Pablo menciona no son una lista exclusiva. A lo largo de la Biblia puedes encontrar muchas otras cualidades que honran a Dios para ayudarte a mantenerte firme y declarar tu lealtad a Jesús, no a las opiniones siempre cambiantes de los demás.

¿Recuerdas la historia que te conté en el capítulo anterior sobre el aula? Hace poco, volví a entrar mentalmente en esa aula de hace tantos años. Me dirigí al tablero de anuncios y me centré específicamente en mi nombre. Quité la tarjeta roja. Y luego la amarilla. E incluso quité también la verde.

Las coloqué a un lado.

Miré la regla de oro y me pregunté por qué me parecía entender que esta significaba: «Trata a los demás de modo que piensen bien de ti». Eso no era en absoluto lo que decía. Supongo que se me escapó que la propia regla de oro es un reconocimiento a los límites. «Trata a los demás... como quieres que te traten a ti».

En otras palabras, tal vez no debamos olvidar que también los demás deben tratarnos como nosotras los tratemos a ellos.

Entonces di el paso más importante de todos. Quité mi nombre de la pizarra y salí del aula. Era el momento de reclamar quién soy. Soy quien Dios dice que soy. Y aunque todavía puedo apreciar y amar la lección bien intencionada de esa pizarra de hace años, se siente muy bien ya no ser definida por ella.

Una nota de Jim sobre el cumplimiento de los límites

En este capítulo, Lysa dio el ejemplo de la mujer que intentaba establecer límites tras descubrir los continuos problemas de su marido con la pornografía. Quiero señalar que hay una gran diferencia entre *intentar* poner un límite y *hacer que se cumpla*. Sin embargo, el primer paso, antes de que la esposa haga algo, debería ser obtener el apoyo profesional de un consejero especializado en traumas de pareja y traiciones para que no esté sola. Es esencial que se sienta preparada antes de hablar con su marido sobre los límites.

Con las mujeres a las que aconsejo, desarrollamos una estrategia para que los límites necesarios se comuniquen y se apliquen en el momento oportuno y el entorno adecuado. También determinamos las consecuencias apropiadas para las violaciones de los límites. Literalmente hacemos una lista que dice: «Si él hace esto, tú haces esto otro». Lo que se comunica con vaguedad, se queda en la vaguedad, así que queremos ser lo más específicos posible.

He aquí lo que la esposa debe observar realmente: ¿cómo responde su marido cuando le comunica los límites? ¿Rechaza y se resiste a los límites o está dispuesto a buscar la recuperación? A veces la peor parte de todo este asunto es la mentira, la ocultación, la negación y la proyección de sus problemas en ella. Sin embargo, hay esperanzas cuando él está dispuesto no solo a trabajar sobre la pornografía, sino también a trabajar en la sanidad del trauma dentro de él. Ese trauma suele ser la verdadera fuerza impulsora detrás de esta forma de actuar.

La razón principal por la que no veo que la gente aplique límites en torno a la pornografía y la infidelidad es el dolor por lo que han perdido y lo que pueden perder. Animo a las mujeres angustiadas diciéndoles que si muchas otras han superado esto, ellas también lo harán. Busca apoyo. Elabora un plan que incluya límites, consecuencias y responsabilidades. Desarrolla un protocolo para saber qué hacer si se violan los límites y el plan. Si tu marido no quiere ir a terapia contigo, busca terapia individual para que puedas atender el trauma personal que estás experimentando.

Ahora, apliquemos esto...

RECUERDA:

- Si la gente nos molesta constantemente, nos frustra, nos agota o nos pasa por encima, lo más probable es que no sean la clase adecuada de personas para nuestro círculo o no tengamos el tipo correcto de límites.
- Los límites saludables alivian la pena de dejar que las opiniones, los problemas, los deseos y los planes de otras personas dirijan nuestra vida.
- Que otra persona esté decepcionada no *nos* convierte en una decepción.
- Debo permanecer íntegra manteniendo lo que sé, lo que siento y lo que hago alineados con la verdad de Dios sobre lo que soy.
- No quiero quedarme tan vacía con las personas fracturadas que no me quede nada para dar a nadie más.
- Las personas íntegras tienden a gravitar hacia personas íntegras. Las personas fracturadas tienden a atraer a otras personas fracturadas.

RECIBE:

¡Ya se te ha declarado lo que es bueno!
Ya se te ha dicho lo que de ti espera el SEÑOR:
Practicar la justicia,
   amar la misericordia,
      y humillarte ante tu Dios. (Miqueas 6:8)

Derribando argumentos y toda altivez que se levanta
   contra el conocimiento de Dios, y llevando
   cautivo todo pensamiento a la obediencia a Cristo.
   (2 Corintios 10:5, RVR1960)

Dejen de mentirse unos a otros, ahora que se han
quitado el ropaje de la vieja naturaleza con sus
vicios, y se han puesto el de la nueva naturaleza,
que se va renovando en conocimiento a imagen de
su creador. (Colosenses 3:9-10)

REFLEXIONA:

* Lee la siguiente afirmación de este capítulo: «Tenemos que
saber quiénes somos, para no perdernos en las realidades
fracturadas de los demás. No podemos vivir para satisfacer
las exigencias irreales de otras personas». ¿Cómo te afecta esto
personalmente?

* ¿Cuáles son algunas de las cualidades que te gustan de ti
misma y que quieres asegurarte de que las personas que amas
experimenten cuando pasan tiempo contigo? ¿Cómo pueden los
límites ayudar a que tus mejores cualidades sean cada vez más
evidentes?

ORACIÓN:

*Padre Dios, mientras pienso en las palabras llenas de verdad
que acabo de leer, mi corazón se siente reconfortado por el hecho
de que nada ni nadie más que tú me define. Lo que soy se mantiene completamente bajo la protección de lo que tú has hecho
por mí. Ayúdame a tomar decisiones que permanezcan alineadas con tu verdad. Al procesar las palabras que otros me han
dicho, ayúdame a despojarme de toda falta de perdón, amargura
o resentimiento que necesite rendirte a ti. Gracias por abrir un
camino para que pueda tener la vida más saludable posible, a
fin de que tu luz brille aún más a través de mí para que otros la
puedan ver. En el nombre de Jesús, amén.*

CAPÍTULO 9

¿De qué tengo tanto miedo?

Temía llamar por teléfono a una persona con quien había compartido mi vida y hecho trabajos como voluntaria durante años. No había trazado un límite y sabía que debía hacerlo. Para serte sincera, había intentado establecer límites con ella muchas veces. Tantas veces, de hecho, que podía notar que en cada ocasión que lo intentaba, esta persona no me tomaba en serio, porque siempre terminaba cediendo. Al final, ella siempre encontraba alguna forma de hacerme dudar de que mantener el límite fuera una buena idea. No tenía problemas para establecer límites con otras personas, pero con ella no era así.

Así que ella seguía pidiendo demasiado. Y yo seguía dando demasiado.

Soy una persona con mucha capacidad. Tengo mucha energía y a decir verdad, me encanta amar y servir a mi gente. Y cuando puedes hacer mucho y te sientes bien haciéndolo, entonces no parece un gran problema. Hasta que llego a un límite. Todas las personas tienen límites: físicos, financieros, relacionales, emocionales. Nadie es ilimitado. La señal que me indicó que había llegado a un límite era el nivel de ansiedad que experimentaba cuando esta amiga me llamaba o me enviaba un mensaje de texto. Solo con ver su nombre en mi teléfono se me aceleraba el pulso y me invadía una sensación de temor.

Así que, con el apuro por volver a la calma, dije que sí a una petición demasiado rápido y supe que tenía que llamarla y decirle que no iba a poder hacerlo. Antes de llamarla, sentía que se me revolvía el estómago. Quiero ser una mujer de palabra y ahora iba a tener que retractarme de lo que ya había acordado. Sin embargo, la integridad no es la perfección. La integridad es la honestidad humilde delante del Señor y otras personas. Así que sabía que tenía que ser honesta con esta amiga y abordar todo el asunto con humildad.

Comencé con una disculpa. «Por favor, perdóname por haber dicho en un inicio que sí a tu petición cuando debería haber dicho que no. Debido a que te quiero, me da mucha alegría hacerte feliz. Y como quiero estar en paz contigo y que me aprecies, dejé que mi deseo de complacerte se adelantara a mi honesta evaluación de la situación. No obstante, ahora mi ansiedad por decir que sí está haciendo sonar la alarma dentro de mi corazón, indicándome que he tomado la decisión equivocada. Así que tengo que retractarme aquí y decir que no».

Quería que fuera comprensiva. Quería que apreciara mi honestidad y respetara lo difícil que era para mí tener esta conversación. Pero nada de eso sucedió. Al instante, pude sentir su ira. En su mente, no era una opción que le dijera que no. Ella quería lo que quería. Y en su defensa, el hecho de que yo dijera que sí unos días antes la había ilusionado, lo que hacía que esta decepción fuera aún más frustrante para ella.

Sin embargo, lo que me pedía me habría costado más a nivel emocional y en tiempo que lo que tenía para dar. Cuando dije inicialmente que sí a lo que me había pedido, había establecido algunos parámetros para que la situación fuera manejable. El problema era que había un largo historial de que ella sobrepasara los límites y no respetara mis parámetros. Así que, durante varios días después de decir que sí, no dejé de reproducir en mi mente lo que podía ocurrir y probablemente ocurriría para que todo se saliera de control.

Una vez más, le había dado a esta persona un acceso de alto nivel cuando ya sabía que no aportaría ese mismo nivel de responsabilidad. Y me coloqué a mí misma en una situación en la que esperaba que ella tomara las decisiones correctas para que mi ansiedad se mantuviera bajo control.

Terminé la tensa conversación diciendo: «Nunca debí haberte puesto en una posición en la que espero que manejes mi ansiedad por mí. Esa es mi responsabilidad. Por lo tanto, estoy dispuesta a decepcionarte ahora para evitar que esto acabe mal para las dos más adelante».

Me encantaría decirte que para cuando colgamos todo era arcoíris y emojis de corazón. No. No hubo nada divertido. No obstante, hubo algo muy bueno que surgió de ello: un momento de absoluta claridad para mí.

Después de colgar el teléfono, traté de ordenar lo que estaba sucediendo en mi corazón. Había muchas emociones, pero me costaba identificar mis sentimientos. ¿Estaba orgullosa de mí misma por comunicar este límite? ¿Me sentía triste porque ella estaba molesta conmigo? ¿Estaba decepcionada conmigo misma por no poder hacer lo que mi amiga me había pedido? ¿Estaba frustrada? ¿Me sentía aliviada?

No, nada de eso.

El sentimiento era de temor.

Tenía miedo. ¿Pero de qué tenía miedo exactamente?

Esto era algo más profundo que el miedo a decepcionarla. Era más profundo que tener miedo de hacerla enojar y alterar la paz.

Tenía miedo de que, por haberle dicho que no y haber trazado un límite, se alejara de mí. Y que se llevara algo que yo necesitaba. Mi motivación para querer complacerla era en parte porque la amaba, pero también porque me encantaba sentir que si la mantenía contenta, no se alejaría de mí.

No es divertido para mí admitirlo. Había tenido muchos traumas y pérdidas en un corto período de tiempo. Así que la idea de perder a una persona más me daba pánico. Sin embargo, convertirme en una persona complaciente no era la respuesta. Ningún trauma se cura de forma saludable desarrollando formas de afrontamiento poco saludables.

También sabía que no debía fingir que no tenía ninguna necesidad. Una vez una amiga me dijo que la mejor manera de no decepcionarse con la gente es no tener ninguna expectativa con ellos. Pero eso no me pareció bien: hacer cualquier cosa hasta el extremo no me resulta sostenible. Además, los seres humanos fueron diseñados por Dios para vivir en comunidad. Somos seres humanos con necesidades, y debería alegrarnos tener relaciones con la gente y satisfacer las necesidades de los demás. No obstante, aquí es donde estaba equivocada. Tenía tanto miedo de que me rechazara, que seguía aceptando su irresponsabilidad como si yo no pudiera hacer nada al respecto.

Quería ser elegida y valorada. Eso no es algo malo.

Sin embargo, para mí era más que eso. Sinceramente, sentía que *debía ser* elegida y valorada por ella, o no podría sentirme estable ni segura.

¿Te percataste de la diferencia entre «quería ser» y «debía ser»?

El *quiero ser* está impulsado por un deseo. El *debo ser* está impulsado por una exigencia. Y cuando nuestros deseos se convierten en exigencias, corremos el riesgo de caer en la forma más grave de complacer a los demás. No me refiero a la forma de complacer a las personas en la que solo queremos mantener a alguien contento para caerle bien. Me refiero a que tememos que nuestras necesidades no sean satisfechas si trazamos límites saludables con alguien, por lo que dejamos que la persona se aproveche completamente de nosotras.

Cuando dedicamos la mayor parte de nuestra energía y esfuerzos diarios a intentar quedar «bien» con otra persona, dejamos de prestarle atención a nuestro propio bienestar. Y corremos el riesgo de convertirnos en la peor versión de nosotras mismas: agotadas, deprimidas, escépticas, distantes, inseguras, amargadas, sintiendo constantemente que se aprovechan de nosotras y que nos manipulan. Podemos llegar a este punto tan perjudicial sin siquiera darnos cuenta de lo que está sucediendo. Y antes de que lo sepamos, nada de lo que hacemos por la gente está motivado por el amor auténtico. En realidad no se trata de ellos en absoluto. Se trata de que obtengamos de alguien lo que sentimos que no nos puede faltar.

Podemos perder muy fácilmente nuestro sentido de autoestima cuando solo nos sentimos:

- *aceptables* si somos consideradas como la persona con la que todos los demás pueden contar siempre.
- *en control* cuando la gente nos ve como importantes y respeta nuestras opiniones.
- *valiosas* cuando tenemos algo impresionante que dar o hacer por los demás.
- *queridas* cuando satisfacemos sus necesidades, estamos disponibles para lo que quieran hacer y seguimos diciendo que sí a sus peticiones.

Mira esta lista y encierra con un círculo las necesidades que sueles incorporar en tus relaciones:

Ser validada	Ser elegida
Tener el control	Ser bella
Caer bien	Ser comprendida
Ser considerada como perfecta	Estar en paz
	Tener razón
Ser buena	Tener el mando
Estar en buena posición	Ser amada
Ser apreciada	Ser protegida
Ser valorada	Ser única

Ser respetada	Ser la heroína
Ser agradable	Ser el centro de atención
Ser apoyada	Ser necesaria
Ser admirada	Ser aceptada
Ser la experta	Ser la responsable
Ser la cristiana modelo	

Utilizando las necesidades que has marcado en esta lista, reflexiona y haz una evaluación personal sincera.

DECLARACIÓN PARA REFLEXIONAR

¿Necesito ser _____ (ejemplo: la heroína) *al punto de no estar dispuesta a establecer ni mantener un límite saludable? ¿Temo que me cueste demasiado? Podría costarme que esta persona* _____ (ejemplo: me admire)*; por lo tanto, el límite no vale la pena. Prefiero que las cosas se queden como están a arriesgarme a que un cambio me cueste lo que complacer a la gente me está dando.*

Pensar en esto me resulta difícil. Y ese es el punto exacto de todo este capítulo.

Complacer a las personas no es solo mantener a los demás contentos. Se trata de obtener de ellos lo que creemos que debemos tener para sentirnos bien en el mundo.

Sé que algunos dirán: «Yo no tengo problemas con complacer a las personas».

No obstante, si sientes que debes obtener algo de los demás, tal vez quieras seguir leyendo. Y si no es por ti, entonces por todos los demás que pueden estar tratando de complacerte para conseguir lo que quieren.

Este tipo de complacencia es la necesidad de perseguir algo que tiene otra persona para obtener un beneficio personal. Pero no solo para buscar lo que creemos que debemos tener de la otra persona dentro de lo razonable. Cuando no conseguimos lo que pensamos que debemos tener, podemos fácilmente descarrilarnos, distraernos y sentirnos devastadas. Por lo tanto, asegurarnos de que alguien satisfaga nuestras necesidades se convierte en una de nuestras principales motivaciones y esperanzas para sentirnos estables y seguras. Mientras menos conseguimos lo que sentimos que necesitamos de alguien, más nos sentimos tentadas a reaccionar de forma extrema. O bien nos quedamos agotadas a causa de todo tipo de complacencia, o en última instancia nos damos por vencidas y nos alejamos.

Los límites saludables nos ayudan a caminar por el medio. Los límites nos ayudan a ver que no está mal que tengamos necesidades. Y no está mal que otras personas las tengan también. De hecho, es bueno que expongamos claramente nuestras necesidades y tengamos conversaciones sinceras en nuestras relaciones sobre las necesidades realistas de ambas partes. Pero luego es importante no pasar a exigir que nuestras necesidades sean responsabilidad de otra persona. Y no debemos dejar que otras personas exijan que satisfacer sus necesidades sea nuestra responsabilidad.

Al examinar mis necesidades, me he preguntado una y otra vez: ¿por qué voy a sacrificar mi bienestar intentando que los demás me den lo que necesito a toda costa? ¿Con qué estoy luchando realmente? ¿De qué estoy tan insegura? ¿Cuál es el gran temor de mi alma? Además de temer que otras personas se alejen de mí, ¿cuál es el miedo más profundo que impulsa todo esto?

Tal vez sea algo más profundo que mi miedo a que alguien me rechace. Aunque ciertamente eso es parte de la razón por la que prefiero seguir diciendo que sí a peticiones poco realistas de otras personas, incluso cuando sé que debería decir que no, aquí hay algo aún más profundo.

Tal vez el verdadero problema de fondo es que temo que haya una brecha devastadora entre lo que creo que necesito y lo que Dios realmente proveerá. Tal vez temo que debo obtener de las personas lo que no estoy segura de que Dios pueda proveerme. Y si temo que la provisión de Dios sea incompleta, debo llenar ese vacío con los demás o no lo lograré en este mundo grande, a veces aterrador, a menudo amenazante y siempre caótico. Por lo tanto, he hecho de la gente la respuesta a mi seguridad en lugar de Dios mismo.

¡Vaya!

Se trata de una seguridad invertida que solo nos vuelve cada vez más inseguras con cada constatación de que las personas no están diseñadas ni son capaces de llenar los vacíos de nuestras dudas sobre Dios.

La cortina de humo es: «No quiero parecer poco amable o poco cristiana al poner límites». Sin embargo, la cruda verdad es que siempre buscamos con desesperación en otras personas lo que tememos que nunca obtendremos de Dios.

Y para alguien más, no podemos ser aquello que teme que nunca obtendrá de Dios. Si queremos ser una buena cónyuge, amiga, compañera de trabajo, hija, hermana o vecina, no será por ser la salvadora de otra persona. Evitar que alguien sienta su propia necesidad desesperada de Dios no es amor, es crueldad. El padre de la iglesia primitiva, Orígenes, dijo: «Porque quien no conoce de antemano su debilidad o su enfermedad, no puede buscar un médico; o al menos, después de recuperar la salud, ese hombre no le estará agradecido a su médico que no reconoció primero la naturaleza peligrosa de su dolencia».[1] Si alguien no llega a ser consciente de su propia necesidad de Dios, nunca abrazará verdaderamente lo que solo Dios puede darle.

Tratar de complacer a los demás no nos satisface ni a nosotras ni a la otra persona, y ciertamente no complace a Dios. Estoy descubriendo que si tengo una necesidad y le pido algo a alguien, está bien. Pero si tengo una necesidad y se la exijo a alguien, esto es una señal de que he pasado a querer de ellos lo que debería buscar de Dios. No obstante, he aquí lo que he llegado a entender: Dios puede estar permitiendo esa necesidad para que yo tenga la motivación de acudir a él.

Y lo mismo ocurre con las necesidades de otras personas. Dios puede estar permitiendo que alguien experimente una incomodidad temporal para que le entregue sus anhelos más profundos y reciba lo que, en última instancia, nunca podremos darle. Si te sientes

Siempre buscamos con desesperación en otras personas lo que tememos que nunca obtendremos de Dios.

constantemente culpable por lo que tus límites provocarán en la vida de otra persona, por favor, relee esa última frase. Por supuesto, permite que el Espíritu Santo hable sobre los matices de tu situación en particular y sé razonable y sensata.

No queremos estar vacías de gracia. Pero tampoco queremos robarle a alguien el buen fruto que podría resultar si reconoce que tú no eres una fuente ilimitada. El punto principal es que no debemos ni en definitiva podemos ser quienes satisfagamos todo lo que otra persona necesita.

Dado que Dios tiene una fuente ilimitada, solo él puede satisfacer todas nuestras necesidades (Filipenses 4:19). Dado que Dios nos creó, solo él puede acceder realmente a las profundidades y la plenitud del corazón de alguien (Romanos 8:26-27). Dado que nada es demasiado difícil para Dios, solo él puede sustentar el tipo de entrega que un alma desesperada anhela (Jeremías 32:27).

Solo Dios puede hacer eso por mi alma. Tu alma. Y el alma de cada persona.

Recuerda que Jesús realizó muchos actos de amor sorprendentes y sacrificados por los demás. Alimentó a las personas, les lavó los pies, les enseñó, las consoló y modeló una manera diferente de actuar y pensar. Sin embargo, no lo hizo para que la gente supliera una necesidad en él. Sirvió *desde* una perspectiva de plenitud, no *para* sentirse pleno (Mateo 20:28).

Y a menudo él solo hacía por los demás lo que ellos no podían hacer por sí mismos. Les ofrecía lo que solo él podía hacer y luego les exigía a los demás que hicieran lo que ellos podían hacer. Jesús puso lodo en los ojos del ciego, pero luego le dijo que fuera a lavarse en el estanque. No corrió a buscar el agua para el hombre. Sanó al paralítico y le dijo que se levantara, tomara su camilla y caminara por sí mismo. No cargó con el hombre ni con su camilla. Jesús tuvo compasión de la mujer sorprendida en adulterio. No condonó sus acciones, sino que le dijo que se fuera y dejara su vida de pecado. Jesús era obediente a Dios y amaba a las personas. No complacía a la gente, esperando ser bien visto y aceptado por todos. Y cuando a las personas no les gustaba lo que tenía que decirles y se alejaban de él, y muchos lo hacían, no abandonaba sus límites ni los perseguía ni les rogaba que lo aceptaran de nuevo. Jesús amaba a las personas lo suficiente como para darles la opción de alejarse.

A lo largo de las Escrituras, Dios siempre le dio a su pueblo la opción de seguirlo a él o de seguir su propia forma de pensar. «Pero mi pueblo no oyó mi voz, e Israel no me quiso a mí. Los dejé, por tanto, a la dureza de su corazón; caminaron en sus propios consejos» (Salmos 81:11-12, RVR1960).

Dios nos llama a obedecerle, no a obedecer todos los deseos y caprichos de otras personas. Dios nos llama a amar al prójimo, no a exigir que nos amen y satisfagan todas nuestras necesidades.

Si eres una persona a quien le gusta resaltar las frases, marca en amarillo esas dos últimas. Escríbelas en notas adhesivas y coloca esas verdades en el espejo de tu baño, en tu mesita de noche, en tu teléfono, en tu calendario e incluso en tu frente si lo deseas. Está bien, quizás no en la frente, pero me entiendes.

Entonces, ¿qué hacemos si estamos atrapadas en este asunto de la complacencia hacia los demás? Todo comienza con controlar nuestra propia vida mental.

En la situación que mencioné al principio de este capítulo, tuve que perseguir mi miedo a no obtener la seguridad que quería de mi amiga y el riesgo de que se alejara de mí si mantenía el límite.

Terminemos este capítulo aprendiendo algunas formas de tratar con nuestros pensamientos. En primer lugar, veamos de nuevo la «Declaración para reflexionar» de unas páginas anteriores. Yo la llenaré con mi propio ejemplo y luego tú trabajarás en tu propia declaración para reflexionar a continuación.

¿Necesito ser <u>aceptada</u> al punto de no estar dispuesta a establecer ni mantener un límite saludable? ¿Temo que me cueste demasiado? Podría costarme que esta persona me <u>apoye</u>; por lo tanto, el límite no vale la pena. Prefiero que las cosas se queden como están a arriesgarme a que un cambio me cueste lo que complacer a la gente me está dando.

Ahora, vamos a reescribirlo.

Necesito sentirme <u>aceptada</u>. Pero ahora reconozco que sacrificar los límites saludables para conseguir <u>que alguien me apoye</u> es la forma equivocada de satisfacer mis necesidades.

Ahora inténtalo tú:

¿Necesito ser _____ al punto que no esté dispuesta a establecer ni mantener un límite saludable? ¿Temo que me cueste demasiado? Podría costarme que esta persona _____; por lo tanto, el límite no vale la pena. Prefiero que las cosas se queden como están a arriesgarme a que un cambio me cueste lo que complacer a la gente me está dando.

Ahora, vamos a reescribirlo.

Necesito sentirme _____. Pero ahora reconozco que sacrificar los límites saludables para conseguir _____ es la manera equivocada de satisfacer mi(s) necesidad(es).

Si no estamos convencidas de lo mucho que nos ayudará un límite, tendremos demasiado miedo de lo que este nos costará.

Por lo tanto, si considero que me siento amenazada por el miedo a lo que alguien me quitará, entonces antes de poner el límite, tengo que sopesar el riesgo y la recompensa por adelantado.

El riesgo de establecer este límite

Temo que mi amiga se aleje de mí. Pero si ella es la clase de persona que podría alejarse ahora, aunque intente complacerla al máximo nivel humanamente posible, lo más probable es que continúe alejándose sin importar lo que yo haga.

Temo que se decepcione de mí si no hago lo que ella quiere. Pero si esta es la forma en que esta relación ha funcionado, entonces lo más probable es que finalmente se decepcione de mí de todos modos.

Temo perder algo que no quiero perder si establezco un límite con esta persona. Pero si mi amiga es propensa a negar su apoyo, entonces lo más probable es que yo salga perdiendo a pesar de todo.

Las relaciones saludables no se sienten amenazadoras. Las relaciones amorosas no se sienten crueles. Las relaciones seguras no se sienten como si todo pudiera implosionar si te atreves a poner un límite.

Entonces, a la luz de todo esto, ¿qué es lo que más temes al establecer un límite?

Si el temor que acabas de mencionar surge, ¿entonces qué?

¿Y qué podría pasar después? ¿Y luego qué? ¿Y después? Considera todos los escenarios, paso a paso.

¿Qué aspectos de tus temores son legítimos?

¿Qué aspectos de tus temores están impulsados por algo que crees que debes tener de esta persona?

Si no estableces un límite, ¿qué efectos negativos tendrá esto en ti? ¿Qué efectos negativos tendrá en la relación?

Piensa en esos efectos negativos que tendrá para ti. Si nada cambia, ¿es esta relación sostenible a largo plazo?

Al decirle siempre que sí a esta persona, ¿cómo podrías estar obstaculizando lo que Dios podría estar tratando de hacer con ella?

La recompensa de establecer este límite

Para encontrar las recompensas, considera algunas de las siguientes preguntas. Aunque te lleve algún tiempo analizarlas, vale la pena. Es mejor pensar en ellas ahora que sufrir por las continuas disfunciones relacionales.

Si no estamos convencidas de lo
mucho que nos ayudará un límite,
tendremos demasiado miedo
de lo que este nos costará.

— uys

Las relaciones amorosas no se sienten crueles. Las relaciones seguras no se sienten como si todo pudiera implosionar si te atreves a poner un límite.

¿Qué parte de tu fuerza emocional o física podrías recuperar si estableces este límite?

¿Qué puede hacer Dios por ti si estableces este límite?

¿Cómo podría este límite ayudarte a dejar de sentirte impotente o rehén de las opiniones, juicios, expectativas poco realistas y comportamientos inaceptables de esta persona?

¿Cómo mejoraría tu estado de ánimo, tu actitud o tu salud al trazar este límite?

¿Cómo podría este límite ayudarte a dejar de evitar y comenzar a disfrutar de esta persona?

¿Cómo podría este límite ayudar a esta relación a ser más saludable con el tiempo?

¿De qué manera podría este límite ayudar a acallar los temores que has tenido en esta relación?

Hoy he trabajado en este capítulo mientras estaba sentada cerca del agua, viendo el amanecer. El agua se extendía hasta donde alcanzaba la vista y los colores del cielo eran fascinantes. Me acompañaban unos amigos, y mientras veíamos cómo el enorme y redondo sol se asomaba por fin en el horizonte, nos quedamos boquiabiertos ante tanta belleza. Mi amiga Shelley dijo: «¿No es increíble cómo una bola de fuego está lo suficientemente cerca como para mantenernos calientes pero no tan cerca como para quemarnos?». ¡Esta es realmente la realidad más asombrosa! Así que comenté: «¿Y no es sorprendente que ninguno de nosotros tenga miedo? Quiero decir, ¿en qué otro momento podría una enorme bola de fuego aparecer y todo el mundo sentarse a contemplar su belleza en lugar de salir corriendo aterrorizado y desesperado por escapar? No obstante, como conocemos a aquel que puso el sol allí, no tenemos miedo. Nos sentimos reconfortados y encantados como para tomar cien fotos».

Eso es lo que quiero para nosotras y nuestras necesidades. Sabemos que Dios nos creó con necesidades y nos rodeó de relaciones. Sin embargo, al igual que el sol, nuestras relaciones deben estar lo suficientemente cerca como para reconfortarnos, pero no tan cerca como para consumirnos por completo. Señor, que así sea.

Una nota de Jim sobre el afrontamiento

Aunque Jesús nos anima a ser como niños con él, no quiere que seamos infantiles en la manera en que afrontamos nuestra vida adulta. «Cuando yo era niño, hablaba como niño, pensaba como niño, razonaba como niño; cuando llegué a ser adulto, dejé atrás las cosas de niño» (1 Corintios 13:11).

Recuerda que a los niños se les imponen parámetros para asegurar que no usen ciertas cosas en exceso ni se dañen a sí mismos ni a los demás. En tiempos de trauma o dolor relacional, es especialmente importante que prestemos atención a esto y tomemos decisiones adultas para nosotros mismos también.

Formas poco saludables de afrontamiento:

- Ver Netflix o la televisión de forma compulsiva
- Consumo excesivo de alcohol o drogas
- Furia o represalias
- Sarcasmo o cinismo excesivos
- Gasto compulsivo o alimentación emocional

- Uso excesivo de las redes sociales
- Uso de pornografía o infidelidad sexual

Formas saludables de afrontamiento:

- Cuidado intencional de uno mismo (dar un paseo, leer un libro útil, dormir lo suficiente)
- Cenar con amigos de confianza
- Encontrar una nueva afición creativa (pintar, cocinar, escribir poesía)
- Participar en sesiones regulares de terapia
- Informarse sobre temas espirituales y emocionales relacionados con la sanidad (pódcasts, estudios bíblicos, recursos en línea, talleres y seminarios)
- Escribir un diario y memorizar las Escrituras

Ahora, apliquemos esto...

RECUERDA:

- Complacer a las personas no es solo mantener a los demás contentos. Se trata de obtener de ellos lo que creemos que debemos tener para sentirnos bien en el mundo.

- Siempre buscamos con desesperación en otras personas lo que tememos que nunca obtendremos de Dios.

- Jesús sirvió *desde* una perspectiva de plenitud, no *para* sentirse pleno.

- Jesús amaba a las personas lo suficiente como para darles la opción de alejarse.

- Cuando a las personas no les gustaba lo que tenía que decirles y se alejaban de él, y muchos lo hacían, no abandonaba sus límites ni los perseguía ni les rogaba que lo aceptaran de nuevo.

- Solo Dios es ilimitado.

- Las relaciones seguras no se sienten como si todo pudiera implosionar si te atreves a poner un límite.

RECIBE:

Así como el Hijo del hombre no vino para que le sirvan, sino para servir y para dar su vida en rescate por muchos. (Mateo 20:28)

Así que mi Dios les proveerá de todo lo que necesiten, conforme a las gloriosas riquezas que tiene en Cristo Jesús. (Filipenses 4:19)

He aquí que yo soy Jehová, Dios de toda carne; ¿habrá algo que sea difícil para mí? (Jeremías 32:27, RVR1960)

REFLEXIONA:

- Complacer a las personas no se trata solo de mantener a los demás contentos, sino de obtener de ellos lo que creemos que necesitamos para sentirnos bien en este mundo. Piensa en una relación en la que tengas temor de decirle a alguien que no. A la luz de lo que hemos discutido en este capítulo, ¿cuál es la verdadera razón por la que tienes miedo?

- Al decir constantemente que sí a esta persona (o estas personas), ¿cómo podrías estar obstaculizando lo que Dios podría estar tratando de hacer con ellas?

- ¿Qué beneficio podrías obtener al trazar este límite?

ORACIÓN:

Señor, gracias por estar siempre a mi lado. Nunca te cansas de que acuda a ti en busca de ayuda. Por favor, dame discernimiento mientras considero cuidadosamente y en oración cuándo extender un «sí» o un «no» a otros en mi vida. Mientras continúo trazando los límites necesarios, te pido que tu paz guarde mi corazón y mi mente en estas difíciles decisiones y conversaciones. Hoy, recuérdame lo mucho que me amas de modo que esté menos tentada a acudir a otros buscando cosas para las cuales realmente debería acudir a ti. En el nombre de Jesús, amén.

CAPÍTULO 10

¿Puede una despedida ser realmente buena?

He mirado a la cara a mi mayor temor. Me gustaría poder decirte que temerlo es peor que enfrentarlo, pero eso no sería exactamente cierto. Es como decir que prepararse para el impacto antes de un choque es peor que el impacto mismo. Ambas cosas son aterradoras. Provocan una conmoción. Ambas pueden hacerte contener la respiración y gritar al mismo tiempo. Experimentar el impacto de una devastación emocional tiene un efecto que destroza los huesos, desgarra el corazón y desfigura el alma.

Fue el choque que dolió más allá de lo que me atreví a creer que podría soportar. La intensidad del dolor era más de lo que podía resistir. Y de alguna manera, lo soporté de todos modos. Tú y yo nos parecemos en esto. Porque mírate: respiras a pesar de que el viento se ha llevado algunas de tus mayores esperanzas. Bailas con una cojera en tu espíritu. Vuelves a levantarte y, aunque no has sido capaz de desempolvar del todo las duras realidades, te das cuenta de que la arenilla no es del todo mala.

Has sobrevivido a ese día. Has sobrevivido a todos los días desde entonces. Y estás sobreviviendo a este día también.

Así que, sí, tú y yo nos parecemos mucho más de lo podríamos saber si nos cruzáramos en el pasillo del pan en el supermercado un miércoles cualquiera por la mañana. Ambas pareceríamos bastante normales, moviéndonos con los detalles prácticos que requieren nuestras vidas. Sin embargo, entre la decisión de elegir el pan integral o no comprarlo en absoluto esta semana, un recuerdo del pasado pasa por tu mente y, mientras suspiras, una pena invisible se escapa con tu respiración.

El recuerdo era una escena de la vida que tenías antes de la pérdida, el desamor, el acontecimiento que lo cambió todo.

El dolor no puede contenerse. No esperará a los momentos de privacidad a puerta cerrada. Se manifestará cuando sea y donde sea que nos llegue. Lo sé porque, al igual que tú, lo he experimentado. Y la próxima vez que te sientas intensamente sola cuando estés llorando en el pasillo del pan, recuerda que yo también estoy allí. Hay mucho dolor derramado por toda esa tienda.

La película de mi vida que me vino a la mente mientras estaba en el pasillo del pan fue el breve recuerdo de la espátula —bien pasada de su época dorada— que utilizábamos para darles vuelta a las tostadas francesas que preparábamos para una mesa llena de niños hambrientos. Antes, cuando había un «nosotros» en la cocina de nuestra vida. Cuando era nuestra mesa. Nuestra tradición. Elementos en común que ya no compartimos.

Nunca supe que una simple barra de pan pudiera desencadenar tanto dolor. Un miércoles por la mañana. Una crisis a mitad de semana, a mitad de la mañana, a mitad del pasillo, en la tienda de comestibles, no estaba en el programa. Y sin embargo, ahí estaba.

Hemos sobrevivido a lo que temíamos. Sin embargo, ¿podremos sobrevivir a los recuerdos?

Los recuerdos son tanto nuestros mayores tesoros como nuestras mayores penas. Los grandes se cuentan con emojis de corazón y signos de exclamación y entusiasmo: «¡Recuerdas aquella vez que

_____!». Los recuerdos llenos de sufrimiento se esconden bajo capas de dolor escritas en el tejido de la cicatriz emocional. Y la mayoría de las veces, cuando se ha pronunciado un adiós, los recuerdos se convierten en una maraña tremenda, tanto de dolor como de grandeza, de tristeza y celebración, y de suspiros en el pasillo del pan un miércoles por la mañana.

Me pregunto por qué el término *adiós*. ¿Qué tiene de bueno un adiós que se lleva trozos de tu corazón que no quieres que se lleven? ¿Qué tiene de bueno un adiós que te hace preguntarte si sobrevivirás al recuerdo? ¿Qué tiene de bueno una despedida que es increíblemente permanente, que no querías ni esperabas que ocurriera?

Más adelante entraremos en los detalles de cómo y cuándo decir adiós. No obstante, por ahora, vamos a centrarnos en los fundamentos de lo que podría ser una despedida.

A decir verdad, realmente me cuestan las despedidas.

Ya he dicho antes que soy leal hasta la muerte. Y aunque eso suena noble, también puede ser codependiente. Estoy trabajando en eso con mi consejero. Y estoy trabajando en por qué siempre he sentido que alejarse de una relación es un fracaso épico para mí como cristiana. Luché con el hecho de que las despedidas se sintieran mezquinas y a veces lo son. Sin embargo, mientras más asesoramiento recibo y más estudio la Biblia, empiezo a tener una perspectiva diferente. Tal vez la forma en que nos despedimos puede ayudarnos a sobrevivir a los recuerdos.

Tal vez sea posible terminar una relación siendo honesta sobre lo que no era saludable y aun así celebrar lo que era bueno. Quizás sea posible tener sentimientos reales de dolor, traición y decepción, pero seguir viendo a la persona de vez en cuando y no querer correr al baño más cercano para enviarle un mensaje de texto a tu amiga sobre lo mucho que estás enloqueciendo. Tal vez sea posible ser honesta con lo que no funcionó y a la vez estar bien con los recuerdos que fueron agradables.

Tal vez esto a veces no sea posible. Admito de forma absoluta que algunas situaciones son simplemente brutales y horribles. E intentar tratar esas situaciones con una declaración cristiana llena de ánimo al estilo de Pollyanna resulta inapropiado. O intentar avergonzar a la persona que ha sido herida por ser lo suficientemente valiente como para decir adiós es más que cruel. Son cosas como estas las que pueden hacer que algunos cristianos parezcan increíblemente desubicados, insensibles y simplemente horribles. Y no voy a aclarar nada de eso. Solo diré que está mal. Punto final.

No obstante, ¿qué hay de los otros tipos de despedidas? Aquellas en las que hubo algo bueno en algún momento. Hubo algunas cosas hermosas. Hay algunos buenos recuerdos incluso si lo bueno se volvió malo y un final era absolutamente necesario. ¿Existe una manera de alejarnos manteniendo nuestra integridad? ¿Hay alguna manera de dejar que alguien se aleje de nosotros sin odiarlo? ¿Hay alguna manera de que un mal adiós siga siendo un «buen» adiós?

Resulta interesante que la frase original en inglés de finales del siglo dieciséis fuera «God Be with Ye» [Dios esté contigo]. La contracción de esa frase fue «Godbwye», que acabó convirtiéndose en «goodbye» [adiós].[1]

Me he sentado a pensar en que las despedidas deberían ser más bien un ve con Dios que un portazo en la cara, un contacto eliminado y un charco de angustia. ¿Es posible que una despedida sea algo más que un adiós con un resoplido de disgusto? Me pregunto, cuando Jesús vio al joven rico alejarse, ¿cuál fue la mirada en sus ojos? Me pregunto, cuando Pedro negó a Jesús y lo abandonó justo antes de que fuera a la cruz, ¿cómo fue la despedida? ¿Un adiós que Jesús seguramente susurró a través de un cuerpo destruido y un corazón partido? Me pregunto cómo fue cuando Judas, con el corazón lleno de traición, besó la mejilla de Jesús, lo vendió y luego terminó ahorcándose. ¿Cómo se despidió Jesús?

Nunca lo sabré realmente en este lado de la eternidad.

Sin embargo, tengo una idea. Creo que Jesús se despidió de la misma manera que vivió todos los días antes del dolor, la traición, el rechazo y el abandono. Aunque las relaciones ciertamente cambiaron, no dejó que el adiós lo cambiara a él. Permitió que la gente se aleje sin dejar de ser quien era. Incluso cuando las personas se volvieron contra Jesús, él no dejó que el adiós lo convirtiera en alguien que nunca debió ser.

Y aunque seré la primera en admitir que no estoy cerca de alcanzar la pureza ni la perfección de Jesús, tampoco quiero que mis despedidas hagan que parezca que nunca he pasado nada de tiempo con él.

¿Podría ser posible reconocer el dolor sin desatarlo?

¿Podría ser posible admitir un final necesario sin calumnias innecesarias?

¿Podría ser posible ser un poco más madura, honrar a Dios o estar en paz con la idea de seguir adelante?

No he sido muy buena con esto en el pasado.

Pero me gustaría mejorar.

Siempre he tenido la profunda convicción de seguir lo que dice la Biblia. Nunca quiero empezar con mis opiniones y luego encontrar versículos que validen mis pensamientos. Quiero empezar con la verdad de Dios y dejar que él moldee mis pensamientos con los suyos. No queremos violar la Palabra de Dios en nuestros esfuerzos por cumplirla. Sin duda, en la Biblia hay momentos en los que somos llamados a permanecer, luchar y continuar nuestras relaciones. Sin embargo, también vemos claramente en las Escrituras que hay situaciones y circunstancias en las que la acción que más honra a Dios es que nos separemos y le digamos adiós a una relación.

Así que empecé a buscar en la Biblia para ver. ¿Las personas buenas que amaban a Dios y querían hacer lo correcto llegaron alguna vez a un punto tan difícil en una relación que dijeron adiós?

La respuesta es sorprendentemente sí.

En el capítulo 13 de Génesis, Abraham y su sobrino Lot decidieron separarse y vivir en lugares distintos el uno del otro debido a las constantes peleas entre ellos y entre los que se ocupaban de sus rebaños y manadas. Curiosamente, la separación duró hasta

Incluso cuando las personas se

volvieron contra Jesús, él no dejó

que el adiós lo convirtiera en

alguien que nunca debió ser.

— UYS

que Abraham rescató a Lot y a su familia de la inminente perdición de Sodoma. Aunque habían vivido separados durante años, ellos acabaron reuniéndose cuando Abraham supo que a Lot lo habían capturado y necesitaba que lo rescataran. Abraham envió a sus hombres en una misión de rescate y «recuperó todos los bienes, y también rescató a su sobrino Lot, junto con sus posesiones» (Génesis 14:16).

Así que, lección aprendida: algunas despedidas son por una temporada. Pero incluso en esas temporadas de separación, no significa que uno no se preocupe y vele por los intereses del otro.

En el Nuevo Testamento encontramos que Pablo y Bernabé tuvieron un «desacuerdo» (Hechos 15:36-41, RVR1960) sobre llevar a un primo de Bernabé llamado Juan Marcos con ellos para que fuera un ayudante en su próximo viaje misionero. Cuando busqué más información sobre esta situación entre Pablo y Bernabé, encontré este artículo interesante:

No pudieron llegar a un acuerdo y se separaron. Por lo que indica el registro sagrado, estos dos hombres excepcionales nunca se volvieron a ver [...] Esta disensión entre Pablo y Bernabé no fue por una cuestión *doctrinal*. La ruptura implicó una disputa personal basada en un juicio. A su favor, ni Pablo ni Bernabé permitieron que el conflicto los distrajera de sus respectivos esfuerzos por difundir el evangelio. Aplicándolo a los cristianos de hoy, siempre habrá momentos en los que los buenos hermanos discreparán en cuestiones de opinión. Lo importante es mantenerse centrado en hacer la voluntad de Cristo. Eso es lo que hicieron Pablo y Bernabé. Como resultado, tal vez se realizó aun *más trabajo* para el Señor debido a la manera en que se manejó su desacuerdo [...] La segmentación de su trabajo no interrumpió de forma permanente el amor y el respeto que Pablo y Bernabé se profesaban mutuamente. Más tarde, Pablo mencionaría afectuosamente a Bernabé como merecedor de apoyo monetario en su labor de la proclamación del evangelio (1 Corintios 9:6).[2]

¿Podría ser posible reconocer el dolor sin desatarlo?

Así que, lección aprendida: algunas despedidas no son por una temporada, son para siempre. Sin embargo, cuando dos buenas personas se separan y no se hacen daño mutuamente, esto puede permitir que se alcance un mejor desempeño en sus respectivos llamados. Pero entonces, ¿qué pasa con esas despedidas que se deben a un pecado flagrante, comportamientos dañinos, orgullo disfuncional o acciones destructivas?

Gary Thomas, en su libro *Aléjate de las personas tóxicas*, dice:

> Algunos de ustedes aún no pueden imaginarse alejándose de alguien o dejando que alguien se aleje, aunque la relación se haya vuelto tóxica. Tu Salvador y Señor no tiene ese problema: «Muchos me dirán en aquel día: "Señor, Señor, ¿no profetizamos en tu nombre, y en tu nombre expulsamos demonios e hicimos muchos milagros?". Entonces les diré claramente: "Jamás los conocí. ¡Aléjense de mí, hacedores de maldad!"» (Mateo 7:22-23). Jesús en verdad aleja a estas personas. Él dijo la verdad y respetó las decisiones de las personas [...] controlar a otros es uno de los síntomas principales de la toxicidad, no un método para el ministerio. Jesús nunca abarató la belleza de lo que estaba diciendo dando la impresión de estar desesperado. De hecho, la verdad es que adoptó el método opuesto: *esta es la verdad; o la tomas o la dejas*. Esa confianza edificó a la iglesia primitiva.[3]

Recuerda, algunas personas parecen decir lo correcto, pero sus acciones traicionan sus palabras. Jesús citó Isaías 29:13 en referencia a tales personas: «Este pueblo me alaba con la boca y me honra con los labios, pero su corazón está lejos de mí. Su adoración no es más que un mandato enseñado por hombres». Esto fue en el contexto de cuando Jesús explicó lo que contamina a una persona en Mateo 15. Jesús continuó explicando que las personas como los fariseos son «guías ciegos», ¡e instruye a los que estaban escuchando a que los dejaran!

> Jesús llamó a la multitud y dijo:
> —Escuchen y entiendan. Lo que contamina a una persona no es lo que entra en la boca, sino lo que sale de ella.
> Entonces se le acercaron los discípulos y le dijeron:
> —¿Sabes que los fariseos se escandalizaron al oír eso?
> —Toda planta que mi Padre celestial no haya plantado será arrancada de raíz —les respondió—. Déjenlos; son guías ciegos. Y, si un ciego guía a otro ciego, ambos caerán en un hoyo. (Versículos 10-14)

Así que, lección aprendida: recuerda cómo Jesús define al guía ciego. Mateo 15:19-20 dice: «Porque del corazón salen los malos pensamientos, los homicidios, los adulterios, la inmoralidad sexual, los robos, los falsos testimonios y las calumnias. Estas son las cosas que contaminan a la persona». No solo está bien terminar una relación en la que estas cosas están presentes, Jesús nos advierte que si no lo hacemos, podemos correr el riesgo de caer en un hoyo con ellos. No quiero habitar en un hoyo. Quiero caminar en la luz. Quiero deleitarme en la verdad. Y quiero que mi corazón, mi mente y mis palabras reflejen mi devoción a Dios. No me inclinaré ante el maltrato de alguien, pero tampoco me levantaré con tal angustia y enojo que viole la verdad de Dios en la forma en que me alejo.

Me gustaría un poco más de «Dios esté contigo» en mis despedidas.

Así que he estado practicando con las despedidas que tengo delante de mí. A veces se siente incómodo y horrible. A veces me duele tanto que no puedo reunir ninguna energía para hacer nada más que apretar los dientes y dejar salir todo con mi consejero. Algunos de los recuerdos de lo sucedido probablemente siempre serán dolorosos y nada buenos. Sin embargo, el pensamiento de que «Dios esté contigo» ha producido algo bueno en mi corazón. Y se está filtrando en mis pensamientos, en mi modo de ver las cosas e incluso en mis conversaciones.

La otra noche, literalmente, cerré los ojos y me imaginé las manos de Jesús. En mi mente, empecé a poner todos los recuerdos uno por uno en sus manos fuertes, callosas por la carpintería, atravesadas por los clavos y llenas de gracia. Le pedí al Señor que me ayudara a susurrar «Dios esté contigo» sobre cada recuerdo. Le pedí a Jesús que me ayudara a liberarme de algunos de los recuerdos, aferrarme a otros y hacer las paces con todo lo que pudiera. Todavía no se solucionó todo, pero fue un comienzo, y creo que Jesús está trabajando en mí y sanando mi corazón. Después de todo, Isaías 61:1 dice que el Mesías vendría a sanar a los quebrantados de corazón. Estoy segura de que también seguiré procesando todo esto en la consejería durante los próximos años.

Ahora me encuentro no solo sobreviviendo a los recuerdos, sino pensando que puedo volver a hacer tostadas francesas sin llorar. Y eso es bueno. Adiós. Adiós. Que Dios esté contigo. Hasta siempre.

Una nota de Jim sobre la codependencia

En la década de 1970, la palabra *codependencia* surgió del campo del abuso de sustancias y describía a una persona que luchaba contra las drogas y el alcohol. El «codependiente» era un ser querido o un amigo de la persona adicta que intentaba ayudarla, pero que al final acababa cediendo. «Co» significa «con», dependencia significa «confío en ellos».

En una relación de codependencia, por lo general hay un enfoque mayor en la persona insana (a la que, en este escenario, llamaremos «el adicto») que en uno mismo (al que llamaremos «el codependiente»). Enormes cantidades de tiempo se dedican a intentar complacer o manejar al adicto y asegurarse de que esté bien. La mayoría de las personas que mantienen una relación con un adicto tienen pocos o ningún límite. Toda su energía se destina al adicto y a lo que este quiere. El adicto insinuará cosas como: «Quiero que me dejes hacer lo que desee. No me exijas nada, no quiero límites». La lealtad al adicto está por encima de la salud del codependiente.

El fundamento de esta disfunción no es solo un trauma no resuelto o no sanado, sino el dolor que se está produciendo en la relación. El adicto está causándole un trauma al codependiente al exigirle que lo siga, lo encubra, crea sus mentiras y excuse sus patrones tóxicos, comportamientos, adicciones y malas acciones, causándole daño a ambas partes.

Al final esto se convierte en un círculo vicioso en el que ambas partes se vuelven insanas por muchas razones, pero sobre todo porque ninguna se compromete con la realidad. La salud mental requiere estar comprometido con la realidad a toda costa.

Para comprobar si tienes tendencias codependientes, pregúntate: «¿Hay alguna relación en mi vida en la que sienta que no puedo estar bien si no me esfuerzo primero por asegurarme de que la otra persona lo esté?».

Ahora, apliquemos esto...

RECUERDA:

- Los recuerdos son tanto nuestros mayores tesoros como nuestras mayores penas.
- Tal vez la forma en que nos despedimos puede ayudarnos a sobrevivir a los recuerdos.
- Incluso cuando las personas se volvieron contra Jesús, él no dejó que el adiós lo convirtiera en alguien que nunca debió ser.
- ¿Podría ser posible reconocer el dolor sin desatarlo? ¿Podría ser posible admitir un final necesario sin calumnias innecesarias?
- Me gustaría un poco más de «Dios esté contigo» en mis despedidas.

RECIBE:

El Señor dice:

«Este pueblo me alaba con la boca
   y me honra con los labios,
     pero su corazón está lejos de mí.
Su adoración no es más que un mandato
   enseñado por hombres». (Isaías 29:13)

El Espíritu del Señor omnipotente está sobre mí,
   por cuanto me ha ungido
     para anunciar buenas nuevas a los pobres.
Me ha enviado a sanar los corazones heridos,
   a proclamar liberación a los cautivos
     y libertad a los prisioneros. (Isaías 61:1)

REFLEXIONA:

- ¿Cómo ha sido tu experiencia con las despedidas necesarias? ¿Qué fue bueno y qué fue difícil en cuanto a estas experiencias?
- ¿Cómo te ayuda saber que decir adiós puede ser bíblico?
- Intenta el ejercicio que mencioné al final del capítulo: en tu mente, comienza a poner todos los recuerdos difíciles o dolorosos, uno por uno, en las manos fuertes y callosas de Jesús, atravesadas por los clavos y llenas de gracia. Pídele al Señor que te ayude a susurrar «Dios esté contigo» sobre cada uno de ellos. ¿De qué recuerdos necesitas liberarte? ¿A qué recuerdos necesitas aferrarte?

ORACIÓN:

Dios, tú comprendes de manera muy personal y profunda el dolor de decirle adiós a un ser querido. Cuando reflexiono en lo que fue, y miro hacia adelante, hacia lo que será, sé que tú eres un refugio y un lugar seguro para procesar mis sentimientos. Gracias por estar tan cerca de mí durante este tiempo. Miro hacia ti y creo que hoy puedo dar algunos pasos adelante y susurrarles a aquellos que han dejado heridas en mi corazón: «Dios esté contigo». Esto no significa que esté de acuerdo con lo que hicieron, sé que al final los harás responsables de su pecado. Pero sí estoy diciendo que quiero estar bien de nuevo, mejor que bien. Deseo volver a vivir plenamente. Tú puedes hacer que todo obre para bien, y hoy confío en que ciertamente lo harás. En el nombre de Jesús, amén.

CAPÍTULO 11

No me alejo, acepto la realidad

He vivido en la misma dirección durante treinta años. He cruzado el mismo umbral innumerables veces con las idas y venidas de todos los acontecimientos mayores y menores de toda mi vida adulta. Esa pequeña línea entre el mundo exterior y el lugar seguro de mi familia, diseñado con algo de madera, ladrillos y nuestra propia puerta principal. Este único lugar en el mundo ha sido testigo de cómo he llevado los regalos de boda envueltos en papel, los recién nacidos envueltos en mantas, las innumerables bolsas de comida, los globos para las fiestas, las curitas para las lastimaduras, los vestidos de Pascua, los vestidos de graduación y los trajes de novia. También he entrado y salido por esa puerta con el corazón roto, innumerables pañuelos llenos de lágrimas y oraciones susurradas llenas de desesperación.

He entrado corriendo en esa casa con pura emoción por haber podido finalmente adoptar a nuestros hijos, por haber conseguido mi primer contrato para un libro, y por haber visto a mis hijos volver a casa sanos y salvos después de su primer viaje solos con la nueva licencia de conducción. También he salido corriendo con puro pánico, llevando a los niños a que les den puntos de sutura, intentando encontrar a uno de nuestros perros que se había escapado, y buscando pruebas que me obligaban a enfrentarme a mis mayores miedos con alguien en quien creía que podía confiar para siempre.

Me he sentado en esos escalones delanteros y he reído, soñado, llorado, orado, hablado, gritado, procesado y respirado profundo miles de veces antes de volver a entrar con mi familia.

Tanta vida.

Tantos momentos.

Si hago bien las cuentas, son 60 segundos por 60 minutos por 24 horas por 365 días por treinta años, lo que da un total de 946.080.000 momentos, más o menos unos días por los años bisiestos.

He vivido toda mi vida adulta volviendo al mismo hogar que me vio cumplir veinticuatro, treinta y dos, cuarenta y cinco y cincuenta y tres años.

¿Has oído alguna vez la expresión de que una casa tiene «buenos cimientos»? Pues bien, los cimientos son buenos en este lugar, más que solo en un sentido estructural. Este ha sido el contenedor sagrado de las primeras palabras, los primeros pasos y la crianza de mis hijos, a quienes más quiero en este mundo. Este hogar me ha acogido. Ha sido el espacio que se ha atrevido a ser testigo de la creación y la ruptura de mi ser. Y cuando sus paredes y colores y algunas habitaciones llenas de recuerdos manchados resultaron ser demasiado provocadores para dejarlos en su forma original, sobrevivió al derribo hasta los soportes originales y demostró que incluso los elementos más básicos de la estructura seguían en pie. La demolición y la reconstrucción de esta casa me ayudaron a ver en el exterior lo que ocurría en mi interior. Incluso durante ese proceso, esta casa ha sido muy buena para mí.

Ella ha tenido sus problemas a veces, pero me he aferrado a este refugio seguro que me ha guardado todos estos años. Me he quedado aquí.

He pensado mucho en esto últimamente a medida que atravieso el adiós más duro que diré. Cuando el nudo en la garganta que ha estado ahí durante años de un desamor no esperado se convirtió en una abrumadora pesadez en el pecho, ya no pude negar el cambio. No solo tenía una relación difícil. Tenía una relación emocionalmente destructiva. Tres consejeros me dijeron que si no aceptaba el final que tenía delante de mí, lo más probable es que significaría mi muerte.

Me pareció un poco dramático.

Sacudí la cabeza con incredulidad.

No es cierto, pensé. *No es cierto en absoluto. Soy fuerte, soy sufrida. Soy leal hasta la muerte. Mi amor es lo suficientemente fuerte como para soportarlo todo. No me rindo. No me alejo. No me iré.*

Así que me quedé. Me pareció que era lo correcto durante un tiempo. Pero entonces volvieron sus viejos hábitos destructivos, el engaño infectó las conversaciones, y el mayor signo revelador de la toxicidad fue que empecé a enloquecer de nuevo. Cuando nada tiene sentido, es fácil perder todo el sentido de la realidad. No quería el final al que todas estas opciones parecían apuntar, así que hice todo lo que pude para evitarlo. Sin embargo, eso es como ponerse delante de un tornado con las manos extendidas y creer que serás capaz de redirigir su giro cruel lejos de ti. Al final, el tornado te absorberá, te escupirá, y no le importará lo traumatizada que quedes en el proceso.

Lo que no sabía es que el trauma no es solo algo que te sucede a ti, sino que sucede en ti. Y el error que cometí fue creer que solo tenía que sanar, perdonar, y de alguna manera superar los hechos. Sin embargo, la devastación emocional no es solo un conjunto de hechos. El mayor golpe a tu bienestar es el *impacto* que todo esto tiene en ti: cómo te sientes, cómo funcionas y cómo piensas.

Cuando pensamos en una relación que ha pasado de difícil a destructiva, no podemos considerar solo los hechos, sino también el impacto.

Lo que no sabía es que el trauma

no es solo algo que te sucede

a ti, sino que sucede en ti.

— uy

Como enseñé en mi libro *Perdona lo que no puedes olvidar*, podemos tomar la decisión de perdonar a la persona que nos hirió por los hechos ocurridos. No obstante, luego también debemos recorrer el proceso mucho más largo de perdonar y sanar el impacto que las acciones de la otra persona han tenido en nosotras. El perdón es un mandato de Dios, pero la reconciliación debe estar condicionada por muchos factores, sobre todo si todas las partes implicadas pueden permanecer seguras y saludables si permanecen juntas.[1]

Al sanar de una devastación emocional del pasado, es normal que el impacto de lo ocurrido se presente en la forma de desencadenantes. Pero lo que me confundió mucho fue pensar que las campanas de alarma que sonaban en mi corazón y mi mente eran desencadenantes del pasado, cuando en realidad eran un indicador de un nuevo trauma. Nuevas mentiras. Nuevo dolor. Nuevos traumas. Nuevas negaciones. Nueva confusión. Nueva destrucción.

Aun así, no quería alejarme.

Sin embargo, un día, mientras estaba sentada en mi casa demolida hasta los cimientos, con polvo, escombros y caos a mi alrededor, se me ocurrió de repente que no me importaba vivir el duro proceso de renovación, porque siempre tengo una visión de algo mejor que seguramente surgirá de todas las dificultades. Al igual que puedo soportar el caos de una renovación y seguir amando esta vieja casa a pesar de todo, también puedo hacerlo con las personas. Una renovación es un contratiempo temporal que en realidad constituye una preparación para algo aún más hermoso. Hay un plan y cuando te mantienes fiel al plan, sabes que lo que se está destrozando es con el propósito de volver a edificarlo mejor y más fuerte que antes.

Ese no fue el caso de mi matrimonio. Había un plan, pero solo yo me mantenía fiel al mismo. Solo yo me mantenía firme. Habíamos acordado mutuamente ciertos límites necesarios, pero él ya no los respetaba. Todo lo que habíamos trabajado tan duro para reconstruirlo ahora se estaba desmoronando. Hay una gran diferencia entre un corazón empeñado en la construcción y uno aparentemente empeñado en la destrucción.

Yo no era la que estaba destruyendo la salud relacional.

Yo no era la que rompía las promesas y los corazones.

Yo no fui quien abandonó el lugar al que tanto nos había costado llegar.

Y fue entonces cuando por fin pude decir: «No me voy a rendir. No me voy a marchar. Estoy eligiendo aceptar finalmente la realidad».

ACEPTAR LA REALIDAD

Jim probablemente me ha recordado más de cien veces: «La salud mental es un compromiso con la realidad a toda costa». No sé qué realidad necesitas aceptar ahora mismo. Quizás a ti te resulte más fácil que a mí. O tal vez tu realidad no es tan pesada y dura como la que acabo de describir. Una gran parte del establecimiento de límites, incluso en las mejores circunstancias, es aceptar la realidad de que cuando sabes que debe producirse un cambio, tienes que moverte para conseguirlo. No tienes que hacer todos los cambios a la vez. Y no tienes que empezar con el cambio más grande.

Sin embargo, sea lo que sea que la realidad te diga, y sin importar lo que el Señor te esté guiando a hacer, avanza en ese sentido. Y eso es exactamente lo que hemos estado haciendo durante todo este libro.

Y si la realidad te dice que has hecho todo lo que puedes hacer, ¿qué es lo que sigue? Has hecho grandes cambios, has orado, has buscado un consejo sabio, has tenido conversaciones, has establecido límites, has implementado consecuencias, has fijado límites aún más claramente definidos, pero no está funcionando.

El vecino sigue apareciendo por tu casa «tomando prestadas» cosas de tu garaje sin preguntar.

El miembro de la familia sigue llegando borracho a las reuniones.

El amigo sigue exigiendo cosas irreales y regañándote por no hacer lo que quiere.

El compañero de trabajo sigue robando de la caja registradora y espera que lo cubras.

El chico con el que sales y que dice ser un creyente comprometido sigue haciendo comentarios inapropiados y tratando de hacerte sentir culpable por no acostarte con él.

El cónyuge sigue mintiendo, ocultando sus dispositivos secretos y negándose a dar cuenta de los misteriosos cargos en la tarjeta de crédito.

La amiga que ayuda a organizar el grupo de juego del barrio sigue permitiendo que sus hijos intimiden y menosprecien a tu hijo sin consecuencias, y actúa como si no fuera gran cosa.

Recuerda que todo el trabajo que has hecho para establecer límites no fue para controlar el comportamiento de otra persona. Se trata de prestar atención y ser honesta acerca de cómo el mal comportamiento y la falta de responsabilidad de alguien está posiblemente controlándote. Y cuando las personas cercanas a nosotras están actuando fuera de control, es cuando corremos el mayor riesgo de carecer de autocontrol.

Cuando una relación pasa de ser difícil a ser destructiva, es el momento adecuado para considerar un adiós. Así es como la consejera cristiana Leslie Vernick define la diferencia entre las relaciones difíciles y las destructivas:

Mi definición de una relación emocionalmente destructiva es esta: patrones persistentes y repetitivos de acciones y actitudes que resultan en la destrucción de alguien o en la inhibición del crecimiento de una persona, a menudo acompañados por una falta de conciencia, falta de remordimiento y falta de cambio.[2]

En otro artículo específico sobre el matrimonio, Leslie afirma:

Dios nos dice que los acosadores, los abusadores y los opresores existen en este mundo. Pero también nos dice claramente que el pueblo de Dios nunca debe protegerlos, autorizarlos o apoyarlos, especialmente dentro de una relación íntima (Efesios 5:25; Colosenses 3:19) [...] La relación matrimonial es la relación más íntima que Dios ha ordenado. En el diseño de Dios para el matrimonio, estar casado nunca debe conducir a menos seguridad, menos cordura o menos fortalecimiento para los individuos en esa relación, sino más bien continuar nutriendo y alimentando esas cualidades. La seguridad y la confianza son los cimientos más importantes para mantener un matrimonio saludable.[3]

Aunque Leslie se refería específicamente al matrimonio, creo que su sabiduría debería tenerse en cuenta para todas las relaciones. Cuando les damos a las personas un acceso relacional a nuestras vidas, este nunca debería conducir a «menos seguridad, menos cordura o menos fortalecimiento para los individuos en esa relación».

Recuerda que los límites no funcionan cuando seguimos dándoles demasiado acceso a personas que no están siendo responsables con el mismo. Y cuando su nivel de responsabilidad es cero, su nivel de acceso a tu vida también debería ser cero.

Cuando este es el caso, Dios no está decepcionado de que digas adiós.

En realidad, Dios modeló esto. Y nosotros debemos seguir su ejemplo.

De hecho, Dios estableció esto desde el principio de los tiempos.

Recuerda, como ya hemos comentado en el capítulo cuatro, cuando Dios comunicó el primer límite con Adán en el jardín del Edén, comenzó la conversación sobre los límites con «Puedes...». Ellos podían comer de cualquiera de los árboles frutales del jardín, excepto el fruto del árbol del conocimiento del bien y del mal. Dios fue claro: si viven en mi jardín santo, tienen mucha libertad, pero no traerán el pecado a este lugar. Cuando Adán y Eva pecaron, demostraron que no tenían la suficiente responsabilidad para que se les permitiera seguir accediendo al jardín del Edén, que es también donde tenían acceso directo a Dios.

Dios no solo los obligó a abandonar el jardín, sino que se aseguró de poner guardias para que no pudieran regresar jamás. Esto fue en parte porque Adán y Eva habían pecado. El jardín era el equivalente a lo que con el tiempo se convertiría en el Lugar Santísimo en el templo. Dios es santo. Y dondequiera que Dios resida es un lugar santo. Por lo tanto, sin la sangre de Jesús para cubrir su pecado, Adán y Eva estaban completamente expuestos y más vulnerables que nunca. Recuerda que generaciones más tarde, cuando se estableció el templo, si un sumo sacerdote entraba en el Lugar Santísimo sin estar completamente purificado de su pecado, caía muerto. Adán y Eva eran los sumos sacerdotes del jardín del Edén. Sus ojos habían sido abiertos al mal. Tenían el sabor de este en su lengua. Y habían desencadenado las consecuencias de esa elección. Trágicamente, su pecado los separó de Dios y puso fin a la perfección que una vez disfrutaron con él. No solo sus cuerpos estaban envejeciendo ahora hasta alcanzar la muerte y decayendo físicamente, sino que también habían abierto sus almas a la corrupción. La atracción del enemigo sería influenciar los corazones de las personas hacia el pecado y la muerte por siempre. La atracción de Dios sería invitar a las personas a la santidad y la vida por siempre. La oscuridad del pecado no podría coexistir con la luz pura de la santidad de Dios.

Sin embargo, había otra razón por la que Adán y Eva tuvieron que abandonar el jardín, como ya hemos comentado antes en el libro. Si hubieran seguido teniendo acceso al jardín, podrían haber comido del árbol de la vida. Comer el fruto de ese árbol le daba al receptor la vida eterna (Génesis 3:22). Piensa en ello. Adán y Eva habrían quedado atrapados para siempre en el estado de la depravación de su pecado y la separación de Dios.

Dios quería la redención para Adán y Eva, por lo tanto, él no los autorizó. No excusó el problema que crearon. No hizo una excepción y esperó lo mejor. No permitió que siguieran pecando en su jardín sagrado. No, los dejó afrontar las consecuencias de sus propias elecciones. Respondió a la elección que hicieron y los expulsó del lugar. Era necesario poner fin a su acceso al jardín.

Ellos demostraron cero responsabilidades en el jardín, por lo que se les prohibió el acceso.

Dios no abandonó a Adán y a Eva, pero su relación cambió de manera drástica. Dios ya no proporcionó un entorno perfecto en el que la horticultura fuera inmediatamente fructífera. Ahora, Adán tendría que trabajar duro para que la tierra produjera alimentos, y a veces sus esfuerzos de jardinería serían en vano. Adán y Eva ya no tenían el mismo tipo de provisión, poder ni autoridad que antes disfrutaban en el jardín. Y ellos y sus descendientes lucharían para siempre entre ceder a la atracción de la carne o rendirse a las mejores opciones que conducen a la paz de Dios (1 Corintios 10:13).

Todos seguimos sufriendo las consecuencias de Adán y Eva. No obstante, la buena noticia es que tenemos la opción de recuperar la paz que una vez Adán y Eva perdieron. Romanos 8:5-6 dice: «Los que viven conforme a la naturaleza pecaminosa fijan la mente en los deseos de tal naturaleza; en cambio, los que viven conforme al Espíritu fijan la mente en los deseos del Espíritu. La mentalidad pecaminosa es muerte, mientras que la mentalidad que proviene del Espíritu es vida y paz».

También podemos mirar Colosenses 3:1-5, que nos recuerda que debemos poner nuestros corazones y mentes en las cosas de arriba, ya que estamos en Cristo, por lo cual debemos hacer «morir todo lo que es propio de la naturaleza terrenal: inmoralidad sexual, impureza, bajas pasiones, malos deseos y avaricia, la cual es idolatría».

«Hacer morir» significa que tomamos medidas diarias para librarnos continuamente de actitudes, deseos, elecciones y hábitos pecaminosos. Los límites son cruciales para vivir estos versículos. Si estamos trabajando para mantener nuestras mentes y corazones libres de los enredos del pecado, cuando las personas participen en actividades pecaminosas a nuestro alrededor, ya no deberíamos permitir el pecado.

Ahora bien, esto no significa que no podamos amar a alguien que está viviendo en pecado. Pero sí significa que no participamos en lo que ellos eligen hacer. Y no permitimos que sus elecciones nos dañen y comiencen a llevar nuestro corazón a lugares de concesión, devastación o engaño.

Repito, todos necesitamos gracia cuando nos equivocamos. Sin embargo, también necesitamos ser conscientes de que hay una diferencia entre un desliz ocasional y un patrón continuo de comportamiento. Seamos completamente honestas con nosotras mismas y con aquellos que pueden ayudarnos a discernir cuál es la mejor manera de responder y avanzar hacia la sanidad. Si la sanidad es posible juntos, entonces tomemos ese camino hacia la paz. No obstante, si la sanidad no es posible si sigues en una relación con esta persona, entonces toma un camino separado hacia la paz.

Por favor, escúchame: sé que esto es complicado y desgarrador y nunca debe tomarse a la ligera. No estoy abogando porque dejemos a un lado a los amigos y familiares cuando las cosas se ponen difíciles. Siempre me ha apasionado dejar espacio para que Dios se mueva en el corazón de la otra persona y en el mío. No queremos vivir en los extremos de apresurar lo que no debe ser apresurado. Y ciertamente, no estoy abogando por un camino rápido y fácil para esquivar a tus amigos, no ver más a tus padres o divorciarte precipitadamente de tu cónyuge. Procesar un posible adiós no es un permiso para hacer las paces o darte por vencida. Es un camino hacia el duelo y la aceptación de una de las realidades más duras a las que nos enfrentaremos: una relación insostenible.

Las palabras *relación insostenible* se sienten como una puñalada en el corazón. Quiero que las relaciones sean buenas y duren para siempre. El dolor producido por el fin de una relación es uno de los más profundos que he conocido. A veces, este tipo de pérdida puede parecer peor que la muerte. Otras veces, el fin de una relación supone un alivio de la agitación y la toxicidad de esta, por lo que ya no es una batalla diaria. Sin embargo, aun así, mi corazón se rompe por la historia de reconciliación y redención que esperaba que fuera posible.

Procesar un posible adiós no es un permiso para hacer las paces o darte por vencida. Es un camino hacia el duelo y la aceptación de una de las realidades más duras a las que nos enfrentaremos: una relación insostenible.

Hay un versículo que me ha hecho tropezar a veces, porque mi corazón tiene muchas esperanzas de que sea posible alcanzar un lugar de paz con todos. Romanos 12:18 dice: «Si es posible, en cuanto de ustedes dependa, estén en paz con todos los hombres» (NBLA). En mi matrimonio, pensé erróneamente que podría hacer lo suficiente, orar lo suficiente, ceder lo suficiente, rescatar lo suficiente o cambiar por él lo suficiente, y finalmente se podría alcanzar un equilibrio de paz. Pero eso no es lo que significa este versículo. Supongo que me perdí esas tres primeras palabras que Pablo usó intencionadamente en este versículo, «si es posible», las cuales implican que a veces *no* es posible. Charles Spurgeon, uno de los predicadores más famosos del siglo diecinueve, enseñó una vez sobre este versículo de una manera que ahora me ayuda a tener mejor juicio con las personas insensibles:

En el Jardin des Plantes vimos una serpiente encapuchada muy poco amistosa. Había un grueso cristal y un robusto alambre entre nosotros, y no hicimos más que mirarla, pero persistió en lanzarse sobre nosotros con la mayor vehemencia de la malicia, hasta que el guardián nos pidió que nos alejáramos, con el consejo de que no era bueno irritar a tales criaturas. Cuando uno se encuentra con una persona irascible, con ganas de pelear, maleducada y que no se lleva bien con todo el mundo, lo mejor es alejarse y dejarla en paz. Aunque no pueda hacerte daño y su irritación sea totalmente irracional, es mejor eliminar todas las causas de provocación, porque nunca es prudente irritar a las víboras. No se camina pisando fuerte a propósito para enseñarle a un hombre con gota que no tienes ningún respeto por sus sentimientos, porque no debería ser tan susceptible; tampoco se debe irritar a los afligidos por el mal genio, y luego alegar que no tienen derecho a mostrarse tan alterados. Si el temperamento de nuestro prójimo es como la pólvora, no juguemos con fuego.[4]

Observa que la víbora en la historia de Spurgeon estaba detrás de un cristal. Había un límite. Y noten que no estaban provocando a la víbora, solo la estaban mirando. Eso significa que la irritación y el deseo de atacar estaban en el interior de la serpiente. La falta de paz de la serpiente en el exterior se debía a su propia falta de paz en su interior. Si hubiera habido algo que la gente estuviera haciendo para interrumpir la paz de la serpiente, entonces habría sido posible detener sus acciones y la paz volvería. Sin embargo, el guardián de la serpiente sabía que no habría paz para los espectadores hasta que se alejaran de ella. Su presencia, no sus problemas, estaba provocando que la serpiente se irritara tanto que atacara a las personas. Y sin ese límite de cristal entre ellos, tanto si la serpiente tuviera o no la intención de dañar a la gente, el impacto de la mordedura de una víbora sigue siendo venenoso.

Spurgeon continúa comparando a esta víbora con las personas cuya irritación es totalmente irracional. Ellos no tienen paz en su interior, por lo que probablemente no les será posible vivir con una paz sistemática en el exterior. Las personas que causan daño emocional, físico, social, sexual, financiero, espiritual, intelectual o relacional, lo pretendan o no, tienen un impacto perjudicial en aquellos que las rodean. Fíjate que no he dicho los que cometen errores y luego se arrepienten y reciben ayuda para no volver a cometerlos. Pero cuando los que infligen daño no se horrorizan lo suficiente como para obtener ayuda con el fin de no volver a hacerlo, lo más probable es que lo vuelvan a hacer. Y recuerda, mientras más acceso les demos, más sentiremos el impacto de sus acciones dañinas y más tiempo nos llevará recuperarnos de todo.

Si queremos recuperarnos y sanar, sería prudente que nos tomáramos un descanso o, en lo posible, rompiéramos con quien nos está hiriendo.

Al decir adiós...

Podemos hacerlo sin odio (ira) como Dios nos instruye.

Airaos, pero no pequéis; no se ponga el sol sobre vuestro enojo. (Efesios 4:26, RVR1960)

Podemos hacerlo por una temporada o para toda la vida como Dios instruye.

Un tiempo para intentar,
    y un tiempo para desistir;

un tiempo para guardar,
    y un tiempo para desechar. (Eclesiastés 3:6)

Podemos tener compasión del dolor del otro como Dios instruye.

Para los justos la luz brilla en las tinieblas.
    ¡Dios es clemente, compasivo y justo! (Salmos 112:4)

Podemos y debemos trabajar para perdonar como Dios instruye.

Sean más bien amables unos con otros,
    misericordiosos, perdonándose unos a
    otros, así como también Dios los perdonó
    en Cristo. (Efesios 4:32, NBLA)

Si queremos recuperarnos y sanar,

sería prudente que nos tomáramos un

descanso o, en lo posible, rompiéramos

con quien nos está hiriendo.

— Ugo

Podemos deshacernos de la amargura hacia el otro como Dios instruye.

> Cuídense de que nadie deje de alcanzar la gracia
> de Dios; de que ninguna raíz de amargura,
> brotando, cause dificultades y por ella muchos
> sean contaminados. (Hebreos 12:15, NBLA)

> Abandonen toda amargura, ira y enojo, gritos y
> calumnias, y toda forma de malicia. (Efesios 4:31)

Podemos seguir orando por la persona como Dios instruye.

> Pero yo les digo: Amen a sus enemigos y oren por
> quienes los persiguen. (Mateo 5:44)

Y podemos seguir adelante sin el otro como Dios instruye.

> La gente estará llena de egoísmo y avaricia; serán jactan-
> ciosos, arrogantes, blasfemos, desobedientes a los padres,
> ingratos, impíos, insensibles, implacables, calumniadores,
> libertinos, despiadados, enemigos de todo lo bueno, trai-
> cioneros, impetuosos, vanidosos y más amigos del placer
> que de Dios. Aparentarán ser piadosos, pero su conducta
> desmentirá el poder de la piedad. ¡Con esa gente ni te metas!
> (2 Timoteo 3:2-5)

Nada de esto es fácil de procesar. Y la decisión de decir adiós no debe tomarse a la ligera sin un consejo sabio y mucha oración. Pero recuerda, aunque Dios amó tanto a las personas que dio la vida de su Hijo unigénito para tratar de salvarnos, también está dispuesto a aceptar nuestro rechazo a la salvación. Dios tiene una línea que no permitirá que se cruce. Si alguien rechaza la salvación, no será recompensado con el acceso eterno a su presencia.

Démosle otro vistazo a Hebreos 12:14-15: «Busquen la paz con todos, y la santidad, sin la cual nadie verá al Señor. Cuídense de que nadie deje de alcanzar la gracia de Dios; de que ninguna raíz de amargura, brotando, cause dificultades y por ella muchos sean contaminados» (NBLA).

Si la paz no es posible en las circunstancias actuales de una relación, entonces debemos esforzarnos por encontrar la paz con esa persona cambiando las circunstancias o cambiando la relación. Debemos recordar que mientras más tiempo permanezca una relación destructiva en crisis y careciendo de salud, mayor será el riesgo de que brote la amargura. Y la amargura no solo causa problemas a la persona que la siente, sino que tiene un impacto negativo y contamina a todos los que la rodean.

He aquí más versículos bíblicos que contienen la sabiduría de Dios y que deberíamos tener en cuenta en nuestros pensamientos y oraciones cuando consideremos decir adiós.

> Alejaré de mí toda intención perversa;
>> no tendrá cabida en mí la maldad.
> Al que en secreto calumnie a su prójimo,
>> lo haré callar para siempre;
> al de ojos altivos y corazón soberbio
>> no lo soportaré. (Salmos 101:4-5)

> Jamás habitará bajo mi techo
>> nadie que practique el engaño;
> jamás prevalecerá en mi presencia
>> nadie que hable con falsedad. (Salmos 101:7)

Al que cause divisiones, amonéstalo dos veces, y después evítalo. Puedes estar seguro de que tal individuo se condena a sí mismo por ser un perverso pecador. (Tito 3:10-11)

Absolver al culpable y condenar al inocente
son dos cosas que el SEÑOR aborrece. (Proverbios 17:15)

Sin embargo, si el cónyuge no creyente decide separarse, no se lo impidan. En tales circunstancias, el cónyuge creyente queda sin obligación; Dios nos ha llamado a vivir en paz. (1 Corintios 7:15)

Les ruego, hermanos, que se cuiden de los que causan divisiones y dificultades, y van en contra de lo que a ustedes se les ha enseñado. Apártense de ellos. (Romanos 16:17)

Entonces, ¿qué hacemos con el dolor que todo esto nos causa? Hablaremos de ello en el próximo capítulo. ¿Y hay alguna manera de decir adiós sin apartar completamente a alguien de nuestra vida? En algunos casos sí, y también hablaremos de ello.

No obstante, por ahora, vamos a detenernos en por qué debemos hacer lo que probablemente hemos estado evitando hacer durante mucho tiempo. ¿Es solo para tener más paz? ¿Es solo para no amargarnos? ¿Es para no vernos arrastradas a respaldar actividades y comportamientos con los que no estamos de acuerdo? ¿Es solo una forma de detener el daño y comenzar la sanidad? Todas esas cosas forman parte de la ecuación.

Sin embargo, hay otro factor realmente importante. ¿Recuerdas mi casa y cómo fue demolida hasta los cimientos para emprender una renovación a fin de que funcionara mejor y se reconstruyera más fuerte y hermosa? Ya está terminada. Los escombros se han ido. Las roturas ya no están. El caos ha desaparecido.

Cuando ahora entro en mi espacio, se siente totalmente vivo.

Y así es como quiero estar yo también.

Como dijo el padre de la iglesia del siglo dos, Ireneo: «La gloria de Dios es el ser humano plenamente vivo».[5] Es cierto, Jesús dijo: «Si alguien quiere ser mi discípulo, que se niegue a sí mismo, lleve su cruz cada día y me siga» (Lucas 9:23). Sin embargo, cuando aplicamos este versículo de forma rígida, sin la certificación del resto de la Escritura, nos lleva a lo contrario de lo que Dios pretende para nuestras vidas. Debemos morir a nuestro lado pecaminoso. «Dios no nos pide que abandonemos nuestro lado "bueno", porque nunca nos ordenó que renunciáramos a los deseos y placeres sanos de la vida, como la amistad, la alegría, la música, la belleza, la recreación, la risa y la naturaleza».[6]

Así que, sabiendo eso, exhalo mi dolor. Y por primera vez en mucho tiempo me atrevo a inhalar el valor que sé que Dios seguramente me dará. Abro la puerta de mi casa y cruzo mi antiguo umbral con nuevas posibilidades de ser yo: sana, plena y completamente viva.

Una nota de Jim sobre las despedidas

Hay una gran diferencia entre esperar un punto de quiebre y establecer un punto de quiebre. Una despedida no debería tomarnos por sorpresa, porque si establecemos límites con consecuencias, los puntos de quiebre se establecen de antemano. A medida que se produzcan violaciones de los límites, se producirán cambios en la relación para que puedas protegerte de patrones y comportamientos hirientes que ya no estás dispuesta a tolerar.

Establecer un punto de quiebre puede ser a veces un límite para ayudar a que la relación se mantenga sana. Aclara las cuestiones nebulosas en torno a lo que está y no está permitido entre tú y la otra persona. Esa claridad hará que la necesidad de decir adiós sea mucho más obvia para ambas partes.

Es útil pensar en los límites y puntos de quiebre cuando experimentas un espacio mental no emocional y no conflictivo. Recuerda que, como hemos dicho antes, es importante prepararse en los tiempos de seguridad para los tiempos de inseguridad. Es importante prepararse en los tiempos de salud para los tiempos de disfunción. Por lo tanto, aquí hay algunas preguntas que te ayudarán a identificar cuál es el punto de quiebre para ti:

- ¿Con qué estoy dispuesta a convivir?
- ¿Qué es y qué no es un comportamiento aceptable?
- ¿Cuáles son mis puntos de quiebre que me llevarían de lo saludable a lo perjudicial?

Ahora, apliquemos esto...

RECUERDA:

- El trauma no es solo algo que te sucede a ti, sino que sucede en ti.
- Cuando pensamos en una relación que ha pasado de difícil a destructiva, no podemos considerar solo los hechos, sino también el impacto.
- Cuando las personas cercanas a nosotras están actuando fuera de control, es cuando corremos el mayor riesgo de carecer de autocontrol.
- Procesar un posible adiós no es un permiso para hacer las paces o para darte por vencida. Es un camino hacia el duelo y la aceptación de una de las realidades más duras a las que nos enfrentaremos: una relación insostenible.
- Si queremos recuperarnos y sanar, sería prudente que nos tomáramos un descanso o, en lo posible, rompiéramos con quien nos está hiriendo.
- No queremos violar la Palabra de Dios en nuestros esfuerzos por cumplirla.

RECIBE:

Los que viven conforme a la naturaleza pecaminosa fijan la mente en los deseos de tal naturaleza; en cambio, los que viven conforme al Espíritu fijan la mente en los deseos del Espíritu. La mentalidad pecaminosa es muerte, mientras que la mentalidad que proviene del Espíritu es vida y paz. (Romanos 8:5-6)

Si es posible, en cuanto de ustedes dependa, estén en paz con todos los hombres. (Romanos 12:18, NBLA)

Ahora bien, ten en cuenta que en los últimos días vendrán tiempos difíciles. La gente estará llena de egoísmo y avaricia; serán jactanciosos, arrogantes, blasfemos, desobedientes a los padres, ingratos, impíos, insensibles, implacables, calumniadores, libertinos, despiadados, enemigos de todo lo bueno, traicioneros, impetuosos, vanidosos y más amigos del placer que de Dios. Aparentarán ser piadosos, pero su conducta desmentirá el poder de la piedad. ¡Con esa gente ni te metas! (2 Timoteo 3:1-5)

Les ruego, hermanos, que se cuiden de los que causan divisiones y dificultades, y van en contra de lo que a ustedes se les ha enseñado. Apártense de ellos. (Romanos 16:17)

REFLEXIONA:

- ¿Hay alguna relación en tu vida que se beneficiaría si aceptaras la realidad? ¿Qué podría cambiar para ti?
- ¿Cómo se aplica la siguiente frase a tu vida en este momento? «Si la paz no es posible en las circunstancias actuales de una relación, entonces debemos esforzarnos por encontrar la paz con esa persona cambiando las circunstancias o cambiando la relación».
- ¿Cómo has malinterpretado lo que significa negarte a ti misma, tomar tu cruz cada día y seguir a Jesús (Lucas 9:23)?

ORACIÓN:

Dios, a veces es muy difícil aceptar las situaciones que tengo delante y no puedo cambiar. Pero confío en tu capacidad perfecta de ser Dios. Solo tú puedes producir un cambio real en mi vida. Mientras oro por algunos ajustes que podría tener que hacer en las relaciones, incluyendo las despedidas, te pido que me des un discernimiento santo y sabiduría al tomar cualquier decisión. Muéstrame en quién puedo confiar para procesar algunas de estas cosas. Gracias por tu incesante amor y fidelidad hacia mí. Sé que nunca me dejarás. En el nombre de Jesús, amén.

CAPÍTULO 12

Un millón de pequeños funerales

¿Es posible decir adiós sin eliminar totalmente a esta persona de mi vida? ¿Es posible que me aparte por una temporada para sanar, pero sin romper los lazos con ella por completo? ¿Existe una manera de recuperar la paz con esta persona aunque siga sin estar de acuerdo con ella, sin aprobar sus decisiones o sin entender cómo ha elegido vivir la vida? ¿Y si se trata de una relación difícil pero no destructiva? ¿Y si no estoy preparada para decir adiós, pero quiero reducir el acceso emocional que tienen a mí? ¿Y si siguen sin ser sensibles a mis sentimientos, me decepcionan constantemente o no están a la altura de los sueños que siempre tuve para nosotros, pero no me causan daño, qué posibilidades de cambio hay?

Estas son preguntas que puedes tener con respecto a algunas de tus relaciones. Sobre todo si realmente no es posible reducir el acceso físico que alguien tiene a ti.

Pensemos en ello de esta manera. ¿Has hablado alguna vez por teléfono a la hora de cenar con alguien que está en la costa oeste mientras tú te encuentras en la costa este? Están hablando simultáneamente en el mismo día, pero tu día en ese momento es muy diferente al de esa persona. Tú ya has llegado a casa después del trabajo, has visto la puesta de sol, has cenado y has empezado a relajarte en la noche. Mientras tanto, la persona de la costa oeste se está preparando para otra reunión de trabajo, el sol sigue brillando como siempre y todavía está digiriendo el almuerzo.

Qué diferencia hay entre alguien cuyo reloj marca las 7:30 p. m. EST (hora del este) y otro cuyo reloj marca las 4:30 p. m. PST (hora del Pacífico).

Ambos viven el mismo día, pero están en dos lugares totalmente diferentes. Y aunque quisieran estar juntos en el teléfono viendo la puesta de sol, eso no sería posible a menos que la persona viaje hacia ti una gran distancia o tú viajes hacia ella una gran distancia. Si ninguno de los dos puede hacerlo, entonces tendrán que renunciar a ver la puesta de sol al mismo tiempo. Esto no hace que alguno de los dos sea una mala persona, solo significa que no están en el mismo lugar.

Tal cosa se aplica al lugar donde vivimos, pero también puede aplicarse a las diferencias relacionales de cómo vivimos.

Como hablamos antes, a veces hay una brecha que expone esas diferencias relacionales y las hace mucho más obvias. A medida que avanzas en la vida, si te comprometes a desarrollar la humildad, crecer en la madurez espiritual, mantenerte emocional y físicamente saludable, y manejar tus relaciones más sabiamente, vas a encontrar esas brechas entre donde estás y donde están algunos de los que te rodean cada vez más amplias. Si otros se han negado a ir a terapia, es solo natural que, a medida que aprendes formas más saludables de procesar lo que enfrentas, las conversaciones poco saludables comiencen a sentirse extrañas e incómodas. Si buscas la guía de la Palabra de Dios, los que busquen en otra parte no se sentirán tan afirmados. Y como has hecho el buen trabajo de perdonar, aquellos que todavía guardan rencor te frustrarán.

Resulta muy difícil reconocer lo que *es* cuando has estado intentando insistentemente que alguien avance hacia lo que *podría ser*.

Puedes verlo claramente. Son las 7:30 EST para ti. Sin embargo, siguen siendo las 4:30 PST para la otra persona. Y a menos que puedas alterar el universo y manejar el sol, no vas a ser capaz de conseguir que tu visión y su visión se alineen.

Y lo más probable es que te haga llorar. No porque se estén perdiendo la puesta de sol, sino porque ambos se van a perder lo que podría haber sido. Todo parecerá no tener sentido.

Parecerá no tener sentido cuando tu padre biológico no te aprecie ni tenga el deseo de protegerte como ves que hacen los padres de tus amigos por ellos. Has soñado con tener conversaciones con él en las que sepas que haría cualquier cosa por ti. En cambio, actúa apresuradamente como si fueras una molestia.

Te parecerá desgarrador cuando comiences a temer los ataques verbales de tu madre, tu abuela o incluso una amiga cercana si piensas o haces algo diferente a lo que ella haría. Quieres que esta persona sea una fuente de sabiduría para ti. Pero en lugar de eso, ahora tienes que evitar compartir pensamientos vulnerables con ella o correr el riesgo de que te aplaste con sus opiniones y expectativas poco realistas.

Lo entiendo. Cuando ahora sigo deseando y esperando que alguien diga algo que nunca ha dicho o haga algo que nunca ha hecho, he decidido aceptar que tal vez nunca lo hará.

Y he sobrevivido. He sobrevivido más que bien.

Dejé que el dolor entrara en ese espacio vacío. Y el mismo dolor que he pasado años evitando me ayudó a seguir adelante. Pensé que solo una persona en particular podría llenar mi lugar vacío de anhelo insatisfecho. Pero cuando dejé entrar el dolor, lo que había sentido adormecido durante tanto tiempo cobró vida en oleadas de honestidad:

Él nunca me había protegido de verdad.

Ella nunca me había escuchado de verdad.

El dolor me hizo enfrentar mi decepción y darme cuenta de que mi tristeza no se debía a que quería que las cosas muertas volvieran a la vida. Seguía llorando porque mis deseos fundamentales nunca habían cobrado vida en primer lugar.

Yo no tenía expectativas épicas. Se trataba de cosas normales que las relaciones sanas necesitan para sobrevivir. Quería sentirme segura. Quería sentirme escuchada. Quería sentir que podía creer que lo que la persona decía era realmente cierto. Y quería saber que pensaba en mi mejor interés al igual que yo en el de ella.

Tuve que reconocer el hecho de que amaba a esas personas por lo que creía que serían como cónyuge, familiar, amigo o compañero de trabajo, en lugar de por lo que realmente eran. Amaba la idea de que me quisieran bien, pero no cómo me trataban en realidad. Tenía esperanzas en esas personas y esas relaciones, pero el sentimiento no era mutuo. Creo que todos podemos formarnos imágenes en nuestra mente de las funciones que otras personas cumplen en nuestras vidas. Sin embargo, es totalmente inútil que los señalemos con el dedo e intentemos hacerlos cambiar. Y mientras más tiempo lo hagamos, más dejaremos de conocer y reconocer quiénes son realmente.

Nunca podría establecer límites adecuados con estas personas mientras me aferrara a mi versión inventada de ellos. El problema no era que no vieran la visión que tenía de ellos. El verdadero problema era que yo me había negado a verlos como eran en realidad.

El dolor me ayudó a comprender la muerte que tenía delante de mí. Tuve que deshacerme de esa imagen en mi mente a la que me aferré y por la que lloré, que contemplé y por la que me enfadé. Tuve que dejar de invitarlos a cenar esperando que aparecieran y fueran como la versión que deseaba de ellos, solo para ser aplastada una vez más por sus palabras y acciones indiferentes. Nunca tuvieron esa revelación mientras pasaban la salsa por encima del centro de mesa con flores silvestres. Jamás.

Al lavar los platos más tarde, no había más que frialdad, vacío y frustración, porque al poner la mesa aquella noche, me había vuelto a preparar para la tristeza. El dolor seguía llamando a la puerta. Y cuando por fin lo dejé entrar, todo se aclaró un poco y finalmente supe lo que tenía que hacer. Tenía que poner la imagen irreal de esta persona y esta relación en la llama del dolor. Y planear un funeral.

A veces, estos funerales conducen a una relación renovada. Cuando las expectativas anteriores se desvanecen podemos al fin darnos cuenta de quién es la otra persona realmente. Tal vez esto no sea todo lo que esperábamos, pero hay algo que nos puede gustar. Un nuevo comienzo.

A veces estos funerales conducirán a una pausa temporal en la que ambos no se comunican ni se ven durante un tiempo, pero finalmente vuelven a estar juntos. Una oportunidad para reconstruir lentamente después de una temporada segura de separación.

Otras veces, conducirán a un adiós definitivo y para siempre a la relación que una vez tuvieron. Un final.

Me gustaría poder darte una fórmula para que puedas calcular si alguna vez será saludable o prudente volver a conectarte con esa persona. Es posible que haya buscado en Google para ver si tal fórmula existe. No he podido encontrar ninguna.

En vez de eso, he tratado de abordar cada situación con su propia dinámica singular y tomar una determinación saludable sobre qué hacer usando la sabiduría que he aprendido a partir de la Palabra de Dios, el consejo confiable y el discernimiento del Espíritu Santo. Esto puede resultar complicado. Tal vez no siempre acertemos. Y para una chica que sigue las reglas (2 + 2 = 4) como yo, esa es una realidad difícil de aceptar a largo plazo. Solo quiero saber lo que hay que hacer y quiero que hacer lo correcto me lleve a una felicidad predecible.

Así que he tenido que hacer las paces con el hecho de que no hay una fórmula para calcular hacia dónde irá la relación. Habrá algunas relaciones renovadas. Habrá algunas pausas temporales. Y habrá algunas despedidas para siempre. Sin embargo, ¿qué es lo que coincide en cada uno de estos escenarios? El dolor.

Es probable que llores en mayor o menor medida con cada dirección que tome una relación tensa.

Amo profundamente. Por lo tanto, tiendo a sufrir con la misma profundidad. Y la única manera que conozco de marcar dónde termina el dolor y empieza la sanidad es con un funeral.

No estoy segura de cuántos funerales como este he planeado. Sin embargo, para seguir estando dispuesta a hacerlos, me digo que habrá un millón de pequeños funerales en mi vida a los que nadie asistirá. Y es probable que así sea en tu vida también. Y nadie te va a llevar flores ni un guisado. Hay funerales de martes por la mañana, y funerales de viernes por la noche, y funerales de 7:30 al atardecer después del trabajo. Hay funerales que ocurren cuando te estás lavando los dientes, o sirviendo una taza de café, o realizando ese recorrido que podrías hacer con los ojos cerrados. No es algo complicado, ni largo, ni está resumido en un discurso perfectamente elaborado.

Es algo increíblemente básico. Y, para mí, es increíblemente útil. Así es como trascurre uno de estos funerales para mí:

1. Reconozco lo que no es.
2. Expreso en voz alta lo que me decepciona y lo injusta que me parece toda la situación. Veo que es bueno clamar a Dios. Me desahogaré con él, porque puede manejar mi honestidad, mi miedo, mi ira y mi absoluta devastación expresada en su forma más cruda.
3. Me doy permiso para llorar todas las lágrimas que necesite.
4. Entonces me deshago de la imagen de la persona a la que me he aferrado. Esa imagen de quien yo quería que fuera no es la realidad. Esa imagen no es la realidad. Esa imagen no es la realidad.
5. Reconozco que la persona no está dispuesta o es incapaz de hacer lo que tanto deseo para ella y nuestra relación. Pero mi deseo no coincide con el suyo. Por lo tanto, no es real en este momento.
6. Libero a la persona para que sea responsable de su vida, al igual que yo lo soy de la mía.
7. Me permito un tiempo para sentirme triste y experimentar los sentimientos de dolor.
8. Menciono en voz alta de qué me estoy liberando. «Elijo deshacerme de _____» (por ejemplo, el resentimiento, la ira, la amargura).

La única manera que conozco de

marcar dónde termina el dolor y

empieza la sanidad es con un funeral.

— *ups*

9. Digo en voz alta lo que ahora tendré espacio para recibir. «Elijo recibir ――――――――――» (por ejemplo, la alegría, la esperanza, un futuro mejor).
10. Me comprometo a establecer y mantener límites saludables para mí misma.
11. Y tendré otro funeral sobre esto mañana si es necesario.

No podemos evitar experimentar el duelo. Este nos visitará a todas en diversas formas y por muchas razones. Sin embargo, el punto común de todo duelo es la decepción y la pena que lo acompaña. Lloramos por lo que no será. Pero lloramos aún más por lo que la imperfección y el pecado nos han hecho a todos. Todos contribuimos a las razones por las que hay tanto dolor en este mundo. Todos herimos a los demás. Todos fallamos en cumplir con las funciones y responsabilidades que tenemos. Todos causamos dolor. Todos cargamos con el dolor.

No obstante, la buena noticia es que no tenemos que ser consumidas por nuestro dolor.

Isaías 53:2-6 es muy reconfortante, porque me recuerda que no llevo todo este dolor sola. Jesús cargó con nuestro dolor, tanto el que causamos como el que soportamos. Y él provee sanidad y esperanza para todas nosotras. Me encanta cómo Eugene Peterson personaliza lo que hizo Jesús en esta paráfrasis de ese pasaje:

El siervo creció ante la presencia de Dios como renuevo
    tierno,
        como una planta de matorral en tierra seca.
No había nada atractivo en él,
        nada que hiciera que lo miremos.
Fue despreciado y desechado,
        un hombre de sufrimiento, que conocía el dolor
            de primera mano.
Una mirada a él y la gente se apartaba.
        Lo despreciábamos, pensábamos que era escoria.

Pero el hecho es que era nuestro dolor el que llevaba,
nuestras enfermedades, todas las cosas malas de
nuestro interior.
Pensamos que se lo había buscado él mismo,
que Dios lo estaba castigando por sus propios
fracasos.
Pero fueron nuestros pecados los que le hicieron eso,
los que lo desgarraron y lo aplastaron: ¡*nuestros*
pecados!
Él recibió el castigo, y eso nos hizo plenos.
A través de sus heridas hemos sido sanados.
Todos nos hemos alejado y andábamos perdidos
como ovejas.
Todos hemos hecho lo que queríamos, hemos
seguido nuestro propio camino.
Y Dios ha cargado todos nuestros pecados,
toda nuestra iniquidad,
sobre él, sobre él. (El mensaje)

Así que la última parte de mi funeral es llevarle todo a Jesús. La pena. El dolor. Los anhelos frustrados. Mi pecado contra la persona. Su pecado contra mí. Mi necesidad de perdón. Y el perdón que necesito ofrecer. Le pido que se sitúe en la brecha entre donde estoy y donde anhelo estar. Le entrego lo que ahora sé que no será y le pido que traiga su plenitud a mi vacío.

Y simplemente dejo que todo fluya.

Si necesito llorar, lloro.

Si necesito escribir en un diario, escribo.

Si necesito escribirlo todo en un papel y romperlo en cientos de pedazos, lo hago.

Si necesito hablar sobre ello con mi consejero o con una amiga, levanto el teléfono.

Sin embargo, lo único que no hago es volver a fingir y vivir en la negación. He aceptado este duelo. He tenido el momento marcado de cierre para aceptar lo que es y lo que no es. Y es desde esta posición de aceptación que avanzaré hacia la sanidad.

Estaba procesando esto con mi amiga Madi, quien está aprendiendo a tener su propio millón de pequeños funerales que apuntan a diferentes resultados. Una noche nos encontrábamos sentadas en la entrada de la casa bebiendo sidra de manzana. Este era uno de los elementos de su lista de deseos para el otoño. Nota personal, necesito en mi vida algunas listas de deseos para cada estación. Madi dijo: «Lo que está por delante tiene que ser mejor que lo que ya pasó. Dios no me va a llevar a un lugar peor que donde ya he estado». Luego se preguntó: «¿Es eso realmente cierto?».

Tomé otro sorbo y seguí pensando en esa pregunta. A la mañana siguiente, le contesté: «Creo que la respuesta a tu pregunta es sí y no. No, porque Dios puede permitir más dificultades en el futuro y probablemente así lo hará. Sí, porque todo lo que ya has enfrentado en tu vida te ha fortalecido para afrontar lo que está por venir con más resistencia y la seguridad de que Dios tornará todo para bien (2 Corintios 4:17-18). Ya no eres la misma chica insegura y vulnerable de hace diez años. Has permitido que lo que has enfrentado te fortalezca en lugar de debilitarte. Eres más sabia. Eres más perspicaz. Estás más segura de cómo permanecer cerca de Dios. Por lo tanto, acudirás a Dios con más facilidad y verás su bondad anticipada más rápidamente. Empieza a tener tus funerales, momentos específicos de cierre, y te sorprenderás. Este te preparará mejor para el siguiente. Y ese para el que vendrá después».

Esto es cierto para Madi. Es cierto para mí. Y también es cierto para ti, amiga mía. Al llorar las penas, pronto enfrentaremos nuestros mañanas con un poco más de sanidad y mucha más vida.

> Olviden las cosas de antaño;
> ya no vivan en el pasado.
> ¡Voy a hacer algo nuevo!
> Ya está sucediendo, ¿no se dan cuenta?
> Estoy abriendo un camino en el desierto,
> y ríos en lugares desolados. (Isaías 43:18-19)

Al llorar las penas, pronto enfrentaremos
nuestros mañanas con un poco más
de sanidad y mucha más vida.

Una nota de Jim sobre el proceso de duelo

Pasar por el proceso de duelo y tener funerales en las relaciones
es duro, pero resulta saludable y beneficioso por muchas razones, entre ellas las siguientes:

1. Te ayuda a tener un cierre. El duelo por una relación
   es una experiencia personal y no depende de la otra
   persona.
2. Te permite liberar lo que fue real, lo que no lo fue y
   lo que nunca volverá a ser igual.
3. Crea un espacio para sentir la pérdida de invertir
   muchos años de tu vida en una relación que no se
   desarrolló como querías, ni duró toda la vida como
   esperabas.
4. Te permite por fin dejar ir a la persona que creías que
   era, pero también considerar quién eras tú con esa persona. Esto crea una oportunidad para hacerte algunas
   preguntas internas, tales como: «¿Qué se me escapó al
   principio que debería haber sido una bandera roja?».
   «¿Qué toleré durante demasiado tiempo?». «¿Qué partes de mí misma perdí que quiero recuperar?».
5. Te ayuda a llegar a un lugar mejor antes de que lleguen
   nuevas capas y olas de dolor. Por ejemplo, afrontar la

realidad de que el cónyuge del que te divorciaste o el amigo del que te desprendiste pueden ser validados e incluso celebrados por otros como grandes personas cuando esa no fue tu experiencia en absoluto.

6. Te ayuda a asegurar que empieces a sanar, porque lo que no resuelves, lo exteriorizarás. El dolor no sanado se manifestará, o a veces incluso se lanzará, sobre otras personas —nuestros hijos, familiares, amigos— y hasta puede contribuir a problemas de salud mental a largo plazo.

Ahora, apliquemos esto...

RECUERDA:

- Cuando amamos profundamente, tendemos a sufrir con la misma profundidad.
- La única manera que conozco de marcar dónde termina el dolor y empieza la sanidad es con un funeral.
- No podemos evitar experimentar el dolor. Este nos visitará a todas en diversas formas y por muchas razones.
- Al llorar las penas, pronto enfrentaremos nuestros mañanas con un poco más de sanidad y mucha más vida.

RECIBE:

Pues los sufrimientos ligeros y efímeros que ahora padecemos producen una gloria eterna que vale muchísimo más que todo sufrimiento. Así que no nos fijamos en lo visible, sino en lo invisible, ya que lo que se ve es pasajero, mientras que lo que no se ve es eterno. (2 Corintios 4:17-18)

Él recibió el castigo, y eso nos hizo plenos.
A través de sus heridas hemos sido sanados. (Isaías 53:5, El mensaje)

REFLEXIONA:

- ¿Hay alguna persona específica que recuerdes cuando piensas en dejar a un lado la idea que tienes de ella? ¿Qué funeral o momento específico de cierre necesitas para ayudarte a experimentar el duelo?

- ¿De qué maneras puedes ver que este proceso de aprender a experimentar el duelo te ayuda en las circunstancias de tu vida y tus relaciones?

ORACIÓN:

Padre celestial, por favor, consuela mi corazón a través de todo el dolor que estoy sintiendo. Por favor, ayúdame en los «pequeños funerales» que necesito procesar y presentarte en oración. Al otro lado del dolor y la sanidad, oro por una alegría sobrenatural. Sé que la historia que estás escribiendo para mi vida es mucho mejor que cualquiera que yo pudiera escribir para mí misma. Sé que todavía tienes cosas buenas reservadas para mi vida y mis relaciones. Cuando mis circunstancias sean inciertas e impredecibles, declararé mi absoluta confianza en ti por encima de todo. En el nombre de Jesús, amén.

Conclusión

Una Biblia, un anillo y un Dios que nunca nos abandona

No puedo creer que hayamos llegado a las últimas páginas de este libro. Me alegro de que hayamos caminado juntas a través de este mensaje. Creo que ambas hemos descubierto que los límites no son la solución rápida que quizás esperábamos para algunas de nuestras relaciones más difíciles. Las personas son complicadas. Nosotras somos complicadas. Así que, por supuesto, las relaciones van a ser complicadas. Sin embargo, la comunicación y la coherencia que proporcionan los límites saludables aportan mucha claridad sobre cómo tenemos que actuar cuando se producen disfunciones perjudiciales.

¿Seguirán los límites siendo un reto? Sí. Pero al menos sabremos qué hacer, aunque a veces siga siendo difícil. La peor parte de la disfunción en las relaciones es el sentimiento de desesperanza e impotencia en el que demasiadas de nosotras nos hemos sumido durante años.

Saber qué hacer con las relaciones difíciles es el mayor regalo que hemos descubierto en este libro. Estoy más convencida que nunca de que los límites saludables funcionan. Cuando se establecen adecuadamente y se mantienen de forma constante, sirven para mantenernos a salvo y conservar nuestras relaciones saludables.

Durante la redacción de este libro, he establecido algunos límites saludables y, como resultado, algunas relaciones realmente importantes se han transformado y se han vuelto más saludables y vivificantes tanto para mí como para mis seres queridos. Estoy sorprendida y agradecida. Ahora hay libertad para disfrutar de estas relaciones sin las dudas y los escollos que solían crear tanto caos y dolor.

Una de esas relaciones que viene a mi mente es la de una amiga íntima que tiene una fuerte personalidad y puede hablar con gran intensidad. A veces esto me ayuda. Otras veces, me molesta. Y a veces mi enfoque más suave y menos directo la frustra. No obstante, a medida que hemos atravesado temporadas de fracasos en nuestros límites, hemos aprendido lo importante que es recordar tres cosas: comunicar los límites que necesitamos, recordarnos mutuamente esos límites (en especial cuando una de nosotras se relaja demasiado en lo que concierne a respetarlos) y no hacer de todo un gran problema. A veces es necesario tener una conversación. Otras veces, solo necesitamos recordar por qué estos parámetros son importantes. Y por último, practicamos la gracia y seguimos adelante. Creo que todo esto ha demostrado que nuestra relación ha llegado lejos.

En los años anteriores, sin límites, probablemente me habría distanciado de esta persona, ya que no sabía cómo manejar la fuerza con la que dice o hace las cosas. Sin embargo, con los límites, ahora tengo las herramientas necesarias para proteger mis vulnerabilidades sin criticar constantemente sus fortalezas. Nuestra amistad se ha enriquecido gracias a los límites. Y a medida que sorteamos nuestras diferencias de forma saludable, ambas nos volvemos mejores gracias al trabajo que hemos hecho juntas.

No obstante, durante la redacción de este libro también tuve que decir un adiós que nunca quise. Una despedida que todavía me cuesta creer algunos días. Un adiós que fue desordenado, enloquecedor y muy confuso. Y, sin embargo, también era muy necesario.

Tal vez tú también hayas experimentado la belleza de los límites saludables y las realidades desgarradoras de un adiós en esta época de tu vida. Espero que te hayas sentido menos sola por haber tomado

Cuando los límites se establecen adecuadamente y se mantienen de forma constante, sirven para mantenernos a salvo y conservar nuestras relaciones saludables.

este libro. A veces, lo que me ayuda a superar los momentos más difíciles de mi vida es saber que no soy la única que pasa por ellos. Es posible que te sientas sola, pero no lo estás. Y aunque ahora no pueda ver tu rostro, te he imaginado en la escritura de cada una de estas palabras, lo que me ha ayudado a no sentirme sola tampoco. Me sentí muy agradecida y reconfortada al saber que estabas ahí y que este libro uniría nuestros viajes. Así que, al igual que espero que te haya ayudado, también fue de ayuda para mí.

Para el momento en que leas esto, ya habrá pasado un año desde que me ocurrió lo que voy a compartir. Pero hoy, para mí, es la ruptura y el avance más reciente en todo este proceso.

Esta semana, dos correos electrónicos llegaron a mi buzón de entrada con pocas horas de diferencia. Uno era la «Palabra del día». Al ser una chica que trabaja con palabras, que procesa la vida escribiendo palabras, y que ama aprender nuevas palabras, disfruto de este correo electrónico diario. La mayoría de las veces nunca he oído hablar de la palabra y no tengo ni idea de lo que significa. Pero este día, la palabra era *desgarrador*: algo que evoca un agudo sentimiento de tristeza o arrepentimiento. El término deriva del verbo latino *pungere*, que significa «punzar o picar».[1]

Yo conocía esa palabra. Llevaba años viviendo con un agudo sentimiento de tristeza por la ruptura de mi matrimonio, mi relación humana más importante. El dolor era profundo. La conmoción de las cosas que nunca creí que fueran a suceder se desarrollaba delante de mí y de mis hijos, y era casi demasiado para soportarlo. La esperanza de que todo mejorara era casi demasiado buena para ser verdad. Y luego la devastación de darme cuenta de que la relación era irreconciliable me dejó con cientos de preguntas sin respuestas y una almohada empapada de lágrimas.

El siguiente correo electrónico era de mi abogado. Me enviaba los papeles del divorcio.

Fue absolutamente un momento punzante. Supongo que fue desgarrador. Otra puñalada en lo más profundo de mi corazón.

Me enfrentaba al final de lo que había prometido que sería para siempre. Sin embargo, no podía ser la única en mantener esos votos sagrados y tener un matrimonio que honrara a Dios. Muchas personas me preguntaron por qué me quedé y luché por mi matrimonio. Había razones honorables. Pero también había razones poco saludables. He tenido que hacer el largo trabajo terapéutico para librarme de ser, sin saberlo, una salvadora codependiente, dándome cuenta al final de lo inútil que eran mis esfuerzos frente a las adicciones y elecciones que no eran mías.

No obstante, aunque había tenido buenas intenciones con mi gracia y mi amor, finalmente tuve que dejarlo ir y trabajar en los problemas que *eran* míos. Lo más honorable era confiar en que Dios fuera el Rescatador, ser lo suficientemente valiente como para entregarle cada parte de esto a él y dejar que los siguientes capítulos de mi historia se desarrollaran.

Me separé de mi esposo y esperé otro año entero para ver qué haría Dios. Dejé de intervenir. Dejé de intentar sugerir lo siguiente que esperaba que ayudara. Dejé de hacerle sugerencias a Dios. Y dejé de sentirme impotente. Permití que las consecuencias naturales sucedieran.

Pensé que sería el año más aterrador de mi vida. Pero me di cuenta de que era menos aterrador sacar mis manos de la situación, aceptar la realidad y dejar que Dios hiciera lo que solo él puede hacer. La mayor fuente de mi sufrimiento era mi negación a aceptar lo que no podía cambiar.

Hacia el final de ese año, había habido vislumbres de un posible cambio, pero luego las cosas empeoraron drásticamente en lugar de mejorar. Mi amiga Laci lo llamó «el final amargo». La última parte de un largo viaje en el que tendría que luchar para que no me afectara toda la amargura que se me venía encima. Ya me habían robado suficiente.

Unas semanas antes de solicitar el divorcio, recibí un regalo que me dejó absolutamente atónita.

Una chica llamada Julie, con la que fui a la universidad y a la que no había visto en treinta años, encontró la Biblia de mi infancia en una caja de libros viejos que había guardado después de su graduación. Sabía que algunos miembros de mi familia trabajaban en un restaurante local, y como ahora vivíamos en la misma ciudad, dejó mi Biblia con una nota muy amable. Finalmente, la Biblia llegó a manos de mi hija, quien me la hizo llegar. Ella me dijo: «Mamá, el lomo de la Biblia está roto, así que cuando la abres, queda abierta en este lugar donde tenías un versículo resaltado de hace tantos años. Y no vas a creer qué versículo es».

Era Efesios 5:3-7:

Entre ustedes ni siquiera debe mencionarse la inmoralidad sexual, ni ninguna clase de impureza o de avaricia, porque eso no es propio del pueblo santo de Dios. Tampoco debe haber palabras indecentes, conversaciones necias ni chistes groseros, todo lo cual está fuera de lugar; haya más bien acción de gracias. Porque pueden estar seguros de que nadie que sea avaro (es decir, idólatra), inmoral o impuro tendrá herencia en el reino de Cristo y de Dios. Que nadie los engañe con argumentaciones vanas, porque por esto viene el castigo de Dios sobre los que viven en la desobediencia. Así que no se hagan cómplices de ellos.

Cerca del verso yo había escrito una nota con mi letra de adolescente que se aplicaba bastante a todo aquello con lo que estaba luchando en el divorcio. Las dos nos miramos con confianza al saber que esta era la confirmación de la decisión más difícil que he tomado en toda mi vida.

Más tarde, cuando le conté esta historia a mi consejero y le mostré la Biblia, se quedó tan asombrado como yo. Me dijo: «A menudo, hago que mis clientes escriban historias como adultos dirigiéndose a su yo más joven. Nunca he experimentado una ocasión en la que un niño escribiera algo que llegara décadas después como la instrucción perfecta para sí mismo como adulto».

No es que necesitara esto para darme el valor de dar los siguientes pasos que sabía que era el momento de dar. Es que Dios se preocupó lo suficiente como para asegurarse de que sintiera su consuelo mientras daba los últimos pasos en este extenso y profundamente triste viaje.

De nuevo, fue conmovedor. Pero esta vez no se trató de un dolor punzante, sino más bien de un tierno recordatorio de que la redención puede seguir siendo mi historia, aunque no sea de la forma que yo pensaba.

Una semana después de haber recuperado mi Biblia, me encontraba en otra larga sesión con Jim mientras procesaba esta historia y compartía lo duro que fue ver los papeles del divorcio. Él ha estado conmigo y mi familia a través de casi cada parte de esta tragedia que puso todo patas arriba una y otra vez y no dejó a ninguno de nosotros indemne. Muchas veces le dije a Jim: «No sé cuánto más puedo soportar». Él siempre respondía: «Lysa, toda mujer tiene un punto de quiebre. Hay un punto de no retorno. Cuando llegues al final, lo sabrás».

Me tomó años.

Creo que procesaré lo bueno y lo malo de esta experiencia durante años. Pero llegó un momento en que lo supe. Sentí literalmente que algo se rompía dentro de mí. Quería hablar sobre esto con Jim, porque me preocupaba que esta ruptura redujera mi capacidad de amar y confiar plenamente en las otras personas cercanas: mis hijos, mis amigos, las personas con las que ejerzo el ministerio. ¿Esa ruptura significaba que ahora estoy deshecha?

Lo que nos duele no será

toda nuestra historia.

— ygs

Sin dudarlo, Jim dijo: «Lysa, no creo que ese fuera el momento de ruptura. Creo que ese fue el momento en que sanaste».

Caramba. Necesitaba oír eso.

Más tarde, esa misma noche, atravesé la puerta de mi casa sabiendo, con más seguridad que nunca, que lo lograría.

Fui a mi armario y abrí el cajón donde guardo mis joyas. Me quité el anillo de matrimonio. Lo sostuve en mi mano, cerré los ojos y finalmente supe qué hacer con él. Coloqué el anillo dentro de la Biblia de mi infancia. Era como si estos dos objetos enmarcaran mi vida. Una niña que soñaba con una vida que sería suya y la mujer adulta en la que ahora me he convertido. Dos temporadas diferentes llevadas dentro de mi corazón, entretejidas con el hilo común de confiar en un Dios que me ama infinitamente (aun con mis imperfecciones) y me acompaña cada día.

La mayor alegría de la vida no es cuando todo sale como esperábamos. Es cuando experimentamos que el Dios del universo se detiene para alcanzarnos y recordarnos que no estamos solas. Lo que nos duele no será toda nuestra historia. Y este mundo quebrantado no es nuestro destino final. Con Dios, hay mucho más.

El secreto es no perderse en la angustia ni quedarnos atascadas en todo lo que parece tan injusto, o paralizadas por nuestros propios errores en el camino. Cerré los ojos y dejé caer unas cuantas lágrimas más. Una vez más, susurré: «Adiós, adiós, que Dios esté contigo, adiós». Y puse la Biblia y el anillo en una caja en lo alto de un estante de mi armario, junto a algunas fotos y tarjetas que marcaban las realidades tanto desgarradoras como preciosas de la vida.

Sabiduría a la que recurrir cuando se cuestionan nuestros límites

Cuando has tenido una relación difícil durante largo tiempo, puedes sentir que has perdido la base. Como si el lugar seguro al que regresas después de un largo día de correr duro ya no estuviera allí. No estás segura de si estás huyendo de alguien o corriendo hacia alguien, porque la relación se siente como una mezcla confusa de ambas cosas.

Has tenido una visión clara del potencial de esta persona. La amas. Y hay partes de ti que sienten que sería imposible dejar ir lo bueno de ella. Y tal vez esta vez sea diferente, es decir, ¿qué pasa si te rindes justo cuando todo está a punto de ser genial?

Lo que has esperado y deseado, aquello por lo que has orado y trabajado tanto, parece que está justo delante. Si trazas un límite y haces un cambio ahora, podrías perderte el momento épico en el que el potencial de la persona se alinea con la realidad.

Sin embargo, luego sabes que eso no es cierto. ¿Recuerdas? La base no está ahí. Lo sabes porque la próxima vez que te hagan daño, y siempre hay una próxima vez, no sabrás hacia dónde correr. ¿Hacia ellos? ¿Lejos de ellos? Vas dando vueltas y vueltas en círculos de disfunción.

Y lo peor de todo es que te sientes culpable por querer hacer cambios. En realidad, te sientes fatal. Y no es solo por lo que te han dicho. Las declaraciones más hirientes son las que te dices a ti misma, porque eres una mujer que quiere desesperadamente hacer lo correcto. Y sabes que lo correcto está informado por la verdad bíblica. Así que tienes la sensación de que no es correcto hacer cambios en una relación si esos cambios van a causarle a la otra persona cualquier tipo de dificultad. Es más fácil manejar el daño que nos han infligido que el daño que potencialmente podríamos causarle a otra persona si establecemos un límite.

Así que sigues intentándolo. Sigues cargando un peso que no estás diseñada para llevar. Sigues pagando las consecuencias de las decisiones de otra persona. Sigues diciendo que sí. Sigues cediendo y oras para no rendirte. Tal vez una vez más de gracia extra de tu parte. Quizás una vez más rescatándolos. O una vez más mirando hacia el otro lado y de repente giran en una esquina y traen la base de vuelta a ti.

Sabes que no es así como funciona. No obstante, quieres creer que tal vez ahora sí. Tal vez tú seas la heroína. Tal vez sean la excepción. Tal vez cambien.

Sostienes afirmaciones que crees que son ciertas y te las predicas a ti misma como un grito de guerra. Y luego empapas tu almohada una vez más, porque sabes que no puedes seguir haciendo esto.

No sé por qué he escrito todo eso como si se tratara de ti. Cuando se trata de mí. A veces, estos pensamientos residen en mi mente por lo que otras personas me han dicho o a causa de lo que me han acusado cuando he intentado poner límites para llegar a un lugar más saludable. Estas son algunas afirmaciones que pasan por mi cabeza:

- *Mientras más hago por la gente, más cristiana soy.*
- *Es un signo de madurez espiritual anteponer las necesidades de los demás a las mías.*
- *Si conozco una necesidad, es mi deber moral satisfacerla.*
- *Si alguien me hiere, me hace daño o se aprovecha de mí, en lugar de abordar la cuestión de frente, debo controlar mis sentimientos y verlo como una oportunidad para ser más como Cristo.*

Hay buenas intenciones en cada una de esas afirmaciones. Y a primera vista, muchas de esas maneras de pensar tienen un noble sentido de la abnegación y el carácter cristiano. Incluso se acercan tanto a algunos versículos bíblicos conocidos que parecen la forma correcta de reaccionar. Sin duda, esto es exactamente lo que Jesús modeló cuando dio su vida por los demás, ¿verdad? Así que lucimos nuestros brazaletes WWJD [Qué haría Jesús] sin cotejar estas suposiciones humanas con el verdadero significado de las Escrituras destinadas a salvarnos, liberarnos y enseñarnos a tener relaciones saludables con los demás.

Hice un sondeo entre algunas de mis amigas en las redes sociales para ver con qué versículos se habían estado torturando en relación con los límites y las despedidas, o cuáles otros habían utilizado como armas contra ellas cuando trataban de establecer directrices claras para una relación. Veamos cómo podemos haber malinterpretado algunos de estos versículos, qué significan realmente, y cómo podemos responder si nos encontramos en una conversación con alguien que pone en duda nuestros límites utilizando las Escrituras de manera inapropiada.

Pero yo les digo: No resistan al que les haga mal. Si alguien te da una bofetada en la mejilla derecha, vuélvele también la otra.

Así es como se ha malinterpretado este versículo:
Un buen cristiano siempre ignora el hecho de ser agredido y cuando es maltratado, lo deja pasar y no lo aborda.

Esto es lo que significa realmente este versículo:
Este versículo habla de un principio importante sobre lo que hay que hacer cuando alguien te agravia. Jesús no pretende que pongamos a prueba los límites del ejemplo, sino que adoptemos el principio del ejemplo. Esto significa que no estamos dispuestas a responder a una ofensa con otra ofensa, sino a mostrar madurez.

Puede ser algo tan simple como alejarse de una conversación acalorada sin atacar o tomar represalias contra la otra persona. Al mantener la calma, mantenemos el control incluso cuando la otra persona está actuando fuera de control. Al hacer esto, estamos demostrando que la otra persona no tiene el poder de hacernos intercambiar nuestra dignidad por una reacción barata.

En el mundo antiguo, recibir una bofetada era una ofensa a la dignidad de una persona. Lo que Jesús pretende en Mateo 5:39 es recordarnos que cuando se viola nuestra dignidad, no debemos validar el abuso haciéndole a la otra persona lo mismo que nos hicieron a nosotras. Ya nos han hecho daño. Sin embargo, nos hieren doblemente cuando permitimos que su mal comportamiento nos convierta en alguien que no somos. Este versículo no está de ninguna manera perpetuando o dándole la bienvenida al comportamiento abusivo de otros. Simplemente está diciendo que si alguien nos hace algo hiriente, no reaccionaremos de manera que le hagamos daño con intención. De este modo, estamos declarando con nuestra respuesta que el abuso no es aceptable y por lo tanto no será tolerado ni manifestado por nosotras.

Si alguien utiliza este versículo contra ti cuando necesitas comunicar un límite, así es como puedes responder amablemente y con confianza:

Estoy muy agradecida de que hayas traído a colación este versículo de las Escrituras. Es crucial que usemos la verdad para que nos ayude a guiarnos y dirigirnos, especialmente cuando no estamos de acuerdo en algo. Esto es lo que ese versículo nos enseña en realidad: no debemos tomar represalias ni atacar cuando alguien nos ofende o nos hace daño. Jesús no quiere que nos hundamos al nivel de devolver mal por mal. Estoy muy agradecida de que Jesús nunca enseñe que el abuso de cualquier tipo debe ser tolerado o perpetuado. Estoy trazando un límite para poder mantenerme a salvo y evitar que mi corazón se sienta tan herido en nuestra situación que arremeta a cambio. Dado que mi corazón está motivado por el amor y la salud, eso es lo que quiero que sea evidente con mis acciones.

FILIPENSES 2:3-4

No hagan nada por egoísmo o vanidad; más bien, con humildad consideren a los demás como superiores a ustedes mismos. Cada uno debe velar no solo por sus propios intereses, sino también por los intereses de los demás.

Así es como se ha malinterpretado este versículo:

Es egoísta tener y expresar tus necesidades personales. Velar por los intereses de los demás sin preocuparse por los propios es lo que demuestra humildad y agrada a Dios.

Esto es lo que significa realmente este versículo:

La clave de este versículo es la palabra *humildad*. ¿Qué significa tener un tipo de humildad que valore a los demás? ¿Qué no significa? No significa que no tengamos en cuenta nuestras necesidades y limitaciones. Significa entender correctamente que solo Dios es ilimitado en su capacidad de dar y cuidar a los demás. Nosotros, como humanos, somos limitados. Reconocer esto no es egoísta. En realidad es honrar el hecho de que hay un Dios, pero tú no eres él. Por lo tanto, no debemos permitir estar tan agotadas emocionalmente, quebradas financieramente, desgastadas físicamente o frustradas relacionalmente que no nos quede nada para valorar y cuidar a los demás. Otra palabra a la que hay que prestarle atención aquí es *intereses*. Esto nos advierte que debemos evaluar si estamos haciendo algo solo para alimentar nuestro orgullo, superar a otras personas o parecer mejores que los demás. Lo que mantiene todo esto bajo control es asegurarnos de que no estemos dejando a un lado las necesidades de los demás por nuestra propia ambición o engreimiento. Sin embargo, con humildad y honestidad simplemente estamos reconociendo lo que es y no es realista para nosotras.

Esta escritura nos invita a preocuparnos por las necesidades de los demás y considerarlas mientras también nos encargamos y responsabilizamos de las nuestras. Esto es más bien una advertencia para que no elevemos nuestras necesidades a un lugar que comprometa la voluntad de Dios para nosotras y cómo él desea que vivamos en relación con otros cristianos.

Si alguien utiliza este versículo contra ti cuando necesitas comunicar un límite, así es como puedes responder amablemente y con confianza:
Una de mis mayores alegrías es animar a los que quiero y apoyar sus esfuerzos. Y al mismo tiempo, soy responsable de no extenderme más allá de lo que mi presupuesto me permite, por lo tanto, no puedo seguir dándote dinero. De ninguna manera esto es una indicación de que no me importas; sí me importas. Simplemente, tendré que demostrarte mi atención y apoyo de otra manera.

JUAN 15:13

Nadie tiene amor más grande que el dar la vida por sus amigos.

Así es como se ha malinterpretado este versículo:

El mayor acto de amor que puedes mostrar es dar tu propia vida por el bien de los demás, incluso cuando es en tu propio detrimento.

Esto es lo que significa realmente este versículo:

Recuerda, Jesús literalmente entregó su gloriosa vida una vez y fue por un propósito alto y santo. Jesús no dio su vida para permitir el mal, perpetuar comportamientos impíos o irresponsables, o tratar de mantener a otros felices.

Cuando Jesús hace esta declaración, está hablando dentro de un contexto en el que la amistad en el mundo antiguo era realmente valorada y buscada. Este tipo de «amistad implicaba compartir confidencias, [y] posesiones».[1] El amor expresado y experimentado entre amigos es algo hermoso y no debería ser desestimado o pasado por alto. En nuestra vida diaria, deberíamos querer compartir y, dentro de lo razonable, darles a nuestros seres queridos y amigos. Esta es la advertencia: podemos ser un recurso para ellos cuando lo necesiten, pero no debemos convertirnos en la fuente que los sustenta.

La instrucción aquí no tiene que ver tanto con nuestra disposición a perder literalmente nuestra vida o a sacrificar nuestras necesidades en detrimento propio. Más bien, Jesús nos recuerda que debemos tener un espíritu dispuesto a mostrar y extender un tipo de amor que sea honorable y esté dispuesto a sacrificarse cuando sea necesario.

Si alguien utiliza este versículo contra ti cuando necesitas comunicar un límite, así es como puedes responder amablemente y con confianza:

Estoy de acuerdo en que Jesús nos enseñó a hacernos eco de su espíritu para ser honorables y estar dispuestas a sacrificarnos cuando y si es necesario. Estoy dispuesta a ser un recurso para ti cuando lo necesites, pero no es realista que me convierta en *la* fuente que te sostiene. Y tampoco es realista ni bíblico que me disponga a rescatarte de las consecuencias de las decisiones que tomaste y en las que no tuve nada que ver.

Mi mayor deseo es ser una dadora alegre, como Dios dice que ama que seamos, así que me muestro intencionalmente cautelosa para no perpetuar nada que no se alinee con mi definición de lo que es bueno y correcto. Por favor, debes saber que no te estoy juzgando ni criticando, solo me mantengo fiel en lo que respecta a apoyar aquello que es correcto y saludable. Esto es lo que nos beneficia a ambos: si soy honesta contigo sobre lo que puedo y no puedo hacer, esto ayudará a prevenir resentimientos latentes y esa tensión incómoda que puede erosionar rápidamente las relaciones. No quiero intentar controlarte ni cambiarte. Quiero amarte y mantenerme en un lugar lo suficientemente saludable como para poder estar de manera auténtica a tu lado tanto como pueda.

GÁLATAS 6:2, 5

Ayúdense unos a otros a llevar sus cargas, y así cumplirán la ley de Cristo [...]. Que cada uno cargue con su propia responsabilidad.

Así es como se ha malinterpretado este versículo:

No importa el costo, es bíblico intervenir y llevar las cargas de otra persona. Es nuestro deber y obligación como cristianos ayudar a otros a llevar sus pesadas cargas cuando están luchando y necesitados; esto podría ser en un plano emocional, financiero, espiritual o de otras maneras también.

Esto es lo que significa realmente este versículo:

Debemos prestarles mucha atención a dos palabras clave en estos versículos: *cargas* y *responsabilidad*. A veces podemos pensar que es nuestra posición participar en un *intercambio* de cargas con las personas con quienes tenemos una relación. En otras palabras, nos sentimos presionadas a pensar que es nuestro papel y responsabilidad tomar y llevar sus cargas por ellos.

Al contrario, tenemos que caminar a su lado, compadeciéndonos de su sufrimiento y haciendo lo que podamos para ayudar a aliviar el dolor y la dificultad de la carga que ha sido puesta sobre ellos.

Sin embargo, puede haber un matiz que estemos pasando por alto, especialmente porque el versículo 5 enseña que cada uno debe cargar con su propia responsabilidad. Hay una diferencia entre ayudar a alguien a llevar el peso de una carga que se le ha impuesto (versículo 2) y la responsabilidad a la que se hace referencia en el versículo 5. La carga de alguien podría ser la de sus responsabilidades diarias o las consecuencias de las malas decisiones que tomó.

«En Gálatas 6:2 se les pide a los cristianos que se ayuden a "llevar sus cargas" en el sentido de simpatizar con ellos en sus problemas. Aquí (Gálatas 6:5) se les dice que deben "[cargar] con su propia responsabilidad", en el sentido de que deben responder directamente ante Dios por sus propias acciones. Su responsabilidad no puede ser transferida a otros».[2]

Si alguien utiliza este versículo contra ti cuando necesitas comunicar un límite, así es como puedes responder amablemente y con confianza:

Me encanta ayudar y sabes que te quiero, así que por supuesto deseo ayudarte a aliviar el estrés que resulta de sentir que has asumido demasiadas cosas este año. Reconozco que es difícil ser la presidenta de recaudación de fondos escolares este año mientras tienes tantas otras ocupaciones. Aunque no pueda ser *la solución* y asumir este papel por ti, me complace aportar *algunas soluciones* que son realistas para mi agenda. Estas son dos cosas que puedo hacer para ayudarte. _____ y _____. No puedo cargar con el peso de toda la recaudación de fondos.

1 CORINTIOS 13:5

[El amor] no se comporta con rudeza, no es egoísta, no se enoja fácilmente, no guarda rencor.

Así es como se ha malinterpretado este versículo:

Para mantener una postura de amor y perdón, debemos elegir olvidar los patrones de comportamiento no saludables, las decisiones destructivas que alguien toma o ha tomado, y las interacciones hirientes o dañinas que han ocurrido con esta persona.

Esto es lo que significa realmente este versículo:

Este versículo tiene más que ver con «llevar un registro» o «aferrarse» a las cosas que han hecho en contra de nosotras. No nos está diciendo que olvidemos o ignoremos ciegamente las acciones cuyo impacto aún sufrimos. Si bien podemos perdonar el hecho de lo sucedido, es posible que sea crucial seguir discutiendo y procesando el impacto que esas acciones tuvieron en ti por el bien de la sanidad. Una buena pregunta que debemos hacernos es la siguiente: ¿estoy trayendo a la memoria algo del pasado para herir a alguien o en aras de sanar lo que me hicieron a fin de poder seguir adelante?

Queremos asegurarnos de no permitir que se saquen a relucir cuestiones del pasado de forma constante o que se utilicen contra la otra persona de manera cruel. La frase «[el amor] no guarda rencor» en el griego original también podría interpretarse como asumir lo mejor de las personas, a menos que al hacerlo empieces a aceptar o perpetuar acciones dañinas de parte de ellas. En otras palabras, no vivas asumiendo o esperando siempre lo peor de las personas, pero presta atención a la realidad. Un estudioso del Nuevo Testamento resume esto diciendo que no debemos contemplar el mal de los demás.[3] En cambio, debemos usar la sabiduría y el discernimiento para saber correctamente cuándo estamos seguras de volverle a dar acceso a alguien que nos ha hecho daño y cuándo ser precavidas. Recuerda que Dios nos dice que perdonemos, pero la reconciliación depende de la voluntad de alguien de no seguir haciéndonos daño. Nuestro objetivo no debería ser aferrarnos al dolor que esa persona causó para poder usarlo como un arma en su contra más adelante. Debería ser compartir un día un testimonio de lo que hemos pasado centrándonos menos en lo que sucedió y mucho más en la sabiduría que ganamos en el camino y podría ayudar a otros.

Si alguien utiliza este versículo contra ti cuando necesitas comunicar un límite, así es como puedes responder amablemente y con confianza:

¿Sabías que por cada daño que nos hacen existe tanto el hecho de lo que sucedió como el impacto de lo que esas acciones nos costaron emocional, física o financieramente? Debes saber que, por obediencia a Dios, he tomado la decisión de perdonarte por los hechos ocurridos. Y, al mismo tiempo, estoy tratando de entender el impacto que todo esto ha tenido en mí. Cuando proceso lo sucedido, no estoy llevando un registro de ofensas para usarlo contra ti. Solo estoy trabajando en el impacto del dolor para alcanzar la sanidad. Por lo tanto, estos límites que estoy estableciendo no son una violación de las Escrituras, sino más bien una verificación de que estoy haciendo el trabajo necesario que requiere una sanidad adecuada.

1 PEDRO 3:1-2, 5-6

Así mismo, esposas, sométanse a sus esposos, de modo que, si algunos de ellos no creen en la palabra, puedan ser ganados más por el comportamiento de ustedes que por sus palabras, al observar su conducta íntegra y respetuosa [...]. Así se adornaban en tiempos antiguos las santas mujeres que esperaban en Dios, cada una sumisa a su esposo. Tal es el caso de Sara, que obedecía a Abraham y lo llamaba su señor. Ustedes son hijas de ella si hacen el bien y viven sin ningún temor.

Así es como se ha malinterpretado este versículo:

Una esposa siempre debe obedecer los deseos, los anhelos y la dirección de su marido, incluso si en última instancia son perjudiciales, manipuladores, degradantes, disfuncionales, controladores, o violan las instrucciones de Dios sobre el matrimonio. Para mantener un matrimonio bíblico y piadoso, los deseos y necesidades de la mujer deben estar en segundo lugar con respecto a los del hombre.

Esto es lo que significa realmente este versículo:

Parte del proceso de interpretación de los versículos bíblicos y su posterior aplicación implica leer los versículos en todo el contexto de la Biblia. Esto es de vital importancia en esta situación. Primero, necesitamos leer sobre la sumisión dentro del contexto de la nueva identidad que tenemos en Cristo. Pablo, en Gálatas 3:28, dice que ya no hay distinciones de identidad o separación humana que devalúen a la persona. No hay judío o griego, ni hombre o mujer. Tanto el hombre como la mujer dependen el uno del otro (1 Corintios 11:11). Esto significa que tenemos que entender la sumisión a través de una lente de igual dignidad humana. La sumisión que conduce a un comportamiento indigno o degradante es inaceptable. La consejera cristiana Leslie Vernick lo expresa de esta manera: «Dios no es un Dios que ama a los hombres más que a las mujeres, o a los maridos más que a las esposas. No es un hostigador, ni aprueba los comportamientos del opresor sobre el oprimido. Él se preocupa por los débiles, los oprimidos, los intimidados y los abatidos (Salmos 9:9; Salmos 34:18, Salmos 146:7)».[4]

Así pues, cuando Pedro les pide a las mujeres que se «sometan» a sus esposos, está reconociendo una antigua situación cultural en la que se le exigía a la mujer, a través del matrimonio, que se sometiera a su esposo, lo que habría significado adoptar la religión del marido. Sin embargo, para la mujer cristiana esto resulta seriamente problemático e imposible si su marido no sigue a Dios.

Estas mujeres que le dieron su lealtad a Jesús estaban en una situación difícil, porque no podían someterse y adoptar la religión de sus esposos sin deshonrar al único Dios verdadero. Así que, como no podían adoptar las creencias y prácticas religiosas de sus esposos, tuvieron que encontrar otras formas de honrar a Dios con sus acciones hacia ellos. Esta es una invitación a considerar las mejores formas en que podemos honrar a Dios y ser testigos para un cónyuge. No obstante, repito, la sumisión no es una licencia o una invitación a aceptar y soportar acciones degradantes, perjudiciales o humillantes contra nosotras. La sumisión nunca debe deshumanizar a una mujer, sino que siempre debe mantener la dignidad y el valor que Dios les otorga a las mujeres. Y la sumisión no debe elevar a un hombre como superior a una mujer, sino que siempre debe hacer que tenga un corazón de siervo al someter su corazón diariamente a Dios.

Si alguien utiliza este versículo contra ti cuando necesitas comunicar un límite, así es como puedes responder amablemente y con confianza:

Me comprometo a honrar lo que es honroso, porque por encima de todo, mi corazón le pertenece a Dios. Por lo tanto, quiero que sus palabras sean las que arrojen luz sobre por qué este límite es bíblicamente correcto y personalmente necesario. La sumisión que conduce a un comportamiento indigno o degradante es inaceptable (Gálatas 3:28, 1 Corintios 11:11). Hebreos 13:4 dice: «Tengan todos en alta estima el matrimonio y la fidelidad conyugal, porque Dios juzgará a los adúlteros y a todos los que cometen inmoralidades sexuales». No me corresponde juzgarte, pero sí es mi responsabilidad evitar ser degradada, engañada y devastada por tus elecciones. Tus acciones no se alinean con la pureza a la que se refiere la verdad de Dios.

En este último tiempo, tu versión de la verdad no se ha alineado con los hechos. Esto no es una acusación contra ti, y no se basa en una suposición u opinión. Esto se basa en tus acciones y en lo que realmente ocurrió. Por lo tanto, este límite tendrá que estar en su lugar hasta que pueda verificar que confiar en ti de nuevo es seguro y que honrar la pureza de nuestro lecho matrimonial no es solo mi compromiso, sino el tuyo también.

UN ÚLTIMO ASUNTO A TENER EN CUENTA:

Estos versículos son solo un punto de partida mientras desvelamos la verdad de lo que la Escritura revela, a fin de que podamos ponerla en práctica en nuestras relaciones. Debes saber que Dios nunca, jamás, promueve o tolera el abuso o el maltrato. Punto. Su Palabra es vida, una lámpara a nuestros pies, mostrándonos el siguiente paso que debemos dar en su abundante amor, corrección y protección. Recuerda, la Palabra de Dios a veces nos trae convicción. No queremos ignorar su exhortación a pensar o actuar de manera diferente. Sin embargo, hay algo que debemos tener en cuenta: existe una diferencia entre sentir una convicción que nos lleve a Jesús en arrepentimiento y una condenación que nos haga sentir como si tuviéramos que *huir* de Jesús avergonzadas. La Palabra de Dios no debe ser un arma contra nosotras ni usarse para intimidarnos o avergonzarnos. De hecho, su Palabra está diseñada para sanarnos. Salmos 107:20 dice: «Envió su palabra, y los sanó, y los libró de su ruina» (RVR1960). Si alguna vez sientes que un versículo está siendo utilizado en tu contra, tómate el tiempo para profundizar en su significado. Habla con un amigo de confianza que conozca las Escrituras, procésalo con un consejero cristiano, conversa con tu pastor, consulta los comentarios en los que eruditos bíblicos confiables ayudan a desentrañar los versículos y su contexto, y pídele al Señor que te revele a través del poder del Espíritu Santo su intención y su corazón con estas instrucciones. Por último, considera el principio del versículo y mira los evangelios para ver cómo Jesús aplicó este principio al relacionarse con otras personas.

Cómo conseguir la ayuda que necesitas

Querida amiga:

Para algunas de ustedes este libro será exactamente lo que necesitaban para ayudarlas a manejar una situación difícil o una disfunción relacional. No obstante, para otras este libro puede ser el punto de partida a fin de alcanzar la sanidad o darse cuenta de que necesitan salir de una relación insegura o insostenible. Debido a que no soy una consejera licenciada y este libro no reemplaza la terapia, debes saber que hay algunas realidades difíciles en la vida que querrás que un consejero cristiano licenciado te ayude a atravesar. Por favor, sé honesta acerca de tu necesidad de ayuda psicológica. Estoy muy agradecida por los profesionales que me han ayudado con amor a atravesar mis días más oscuros. Siempre ha sido importante para mí que los consejeros profesionales que he visto tengan una relación personal profundamente comprometida con Jesús y comprendan que la batalla debe librarse tanto en el ámbito físico como en el espiritual. Un gran recurso para encontrar a un consejero cristiano en tu área es la Asociación Americana de Consejeros Cristianos en aacc.net. Con consejeros en los cincuenta estados, su misión es conectar a las personas heridas con individuos capacitados para brindar ayuda.

Estoy orando por ti, querida amiga.

Con mucho amor,

ALGUNAS NOTAS IMPORTANTES A
CONSIDERAR SOBRE EL ABUSO

Mi corazón es muy sensible y compasivo con cualquiera que se enfrente a esta dura realidad. Quiero proporcionar esta información, como un punto de compasión y de claridad, en torno a lo que es el abuso y cómo potencialmente encontrar ayuda si estás en una situación abusiva.

En un artículo publicado por *Psychology Today*, encontré esta definición de abuso:

> El abuso en el seno de las familias tiene matices conductuales y es emocionalmente complejo. El abuso emocional y físico se perpetúa siempre dentro de una dinámica de poder y control.
>
> El abuso puede manifestarse como físico *(lanzamientos, empujones, agarres, bloqueo de vías, bofetadas, golpes, arañazos, moretones, quemaduras, cortes, heridas, huesos rotos, fracturas, daños en los órganos, lesiones permanentes o incluso el asesinato),* sexual *(coqueteo sugestivo, proposiciones, abrazos indeseados o inapropiados, besos, caricias en partes sexuales, sexo oral o cualquier tipo de actividad sexual forzada)* o emocional *(negligencia, acoso, vergüenza, amenazas, trucos maliciosos, chantaje, castigos injustos, tareas crueles o degradantes, confinamiento, abandono).*[1]

Entonces, ¿qué dice la Biblia sobre el abuso, y qué hacemos con respecto al perdón en situaciones como esta? Veamos una vez más lo que Pablo le escribió a Timoteo:

> Ahora bien, ten en cuenta que en los últimos días vendrán tiempos difíciles. La gente estará llena de egoísmo y avaricia; serán jactanciosos, arrogantes, blasfemos, desobedientes a los padres, ingratos, impíos, insensibles, implacables, calumniadores, libertinos, despiadados, enemigos de todo lo bueno, traicioneros, impetuosos, vanidosos y más amigos del placer que de Dios.

Aparentarán ser piadosos, pero su conducta desmentirá el poder de la piedad. ¡Con esa gente ni te metas! (2 Timoteo 3:1-5)

Estoy agradecida por versículos como estos que dicen claramente que hay que evitar a las personas abusivas. No obstante, la forma exacta en que esto se lleva a cabo resulta muy compleja. Es imposible establecer una fórmula amplia y general sobre las relaciones difíciles. Hay muchos factores que deben ser analizados con personas capacitadas para reconocer el peligro y ayudar a guiar a los que están en situaciones de abuso a saber qué hacer y cómo hacerlo.

He aquí algunos aspectos a tener en cuenta:

- Es bueno tener personas sabias que nos hablen y procesar las preocupaciones de la vida con mentores cristianos y amigos de confianza. Aquí hay un buen versículo para ayudar a discernir a las personas con sabiduría que te rodean.

> ¿Quién es sabio y entendido entre ustedes? Que muestre por su buena conducta sus obras en sabia mansedumbre. Pero si tienen celos amargos y ambición personal en su corazón, no sean arrogantes y mientan *así* contra la verdad. Esta sabiduría no es la que viene de lo alto, sino que es terrenal, natural, diabólica. Porque donde hay celos y ambición personal, allí hay confusión y toda cosa mala. Pero la sabiduría de lo alto es primeramente pura, después pacífica, amable, condescendiente, llena de misericordia y de buenos frutos, sin vacilación, sin hipocresía. Y la semilla cuyo fruto es la justicia se siembra en paz por aquellos que hacen la paz. (Santiago 3:13-18, NBLA)

- Estos amigos de confianza y mentores cristianos que hablan con sabiduría en nuestra vida pueden ayudarnos a reconocer los comportamientos que cruzan la línea y deben ser llevados ante un consejero profesional educado en los temas en cuestión o, en situaciones más urgentes, ante las autoridades.

Si necesitas encontrar un consejero cristiano profesional en tu área, tanto Enfoque a la Familia como la Asociación Americana de Consejeros Cristianos tienen recomendaciones en sus sitios web, o tu iglesia también puede tener una lista de consejeros cristianos de confianza que te puedan recomendar.

Amiga mía, eres amada, no estás sola y no tienes que pasar por esto sin ayuda. Recuerda que la persona que te está haciendo daño necesita una ayuda que solo pueden darle profesionales capacitados. Hacer intervenir a las autoridades competentes no es ser poco cariñoso... en realidad es por tu seguridad y la de ellos.

Agradecimientos

Hay muchas personas cuyas huellas dactilares se pueden encontrar en estas páginas. Me llevaría otro libro entero agradecerles adecuadamente a todos... a las personas que han caminado a mi lado, han orado por mí, han procesado este mensaje conmigo, e incluso han prestado sus propias experiencias a fin de incorporarlas a la escritura de este libro. Estoy eternamente agradecida por sus vidas, su amistad y el honor de compartir la vida con ustedes.

El equipo que trabajó junto a mí día tras día en este libro, más que ayudarme a conseguir las palabras correctas, me ayudó a vivir bien este mensaje.

Tuve resistencia, me ofrecieron seguridad.

Tuve dudas, me ofrecieron confianza.

Tuve muchas incertidumbres, me ofrecieron afirmación y el entusiasmo de que este era el libro que debía escribir a continuación.

Tuve participios tambaleantes y tiempos verbales flojos, me ofrecieron sabiduría editorial.

Tuve errores ortográficos y metáforas mezcladas, me ofrecieron emojis sonrientes con sus correcciones.

Tuve preguntas teológicas y terapéuticas, me ofrecieron respuestas bien documentadas.

Tuve archivos desorganizados, me ofrecieron la belleza de Google doc.

Tuve momentos de calma en los que me perdía en mis pensamientos, me ofrecieron conversaciones, sugerencias y sus mejores ideas.

Los quiero. Me encanta trabajar juntos, procesar la vida juntos, ser honestos sobre nuestras luchas mientras estudiamos juntos y celebramos nuestras victorias. Y me encanta que hayamos encontrado el camino a este mensaje y hayamos trabajado a través de este... juntos.

Hope, Michael, Taylor
Meredith, Leah, Shae, Joel, Amanda, Madi, Kaley, Meghan
Tori, Alison, Kelsie, Micaela, Anna, Haley, Victoria, Melanie,
   Morgan, Claire
Barb, Glynnis, Lisa
Jim Cress
Janet, Janene, Mark, Tim, Erica, Don, MacKenzie, John,
   Meg, Emily
Candace, Mel, Lisa W.
Y un agradecimiento especial a mi Grupo de Primeros
   Lectores que leyó la primera versión de este manuscrito
   y me ayudó a convertirlo en un libro que merece la pena
   leerse.

Notas

Capítulo 2: Identifica la tensión con la que todas hemos estado luchando

1. Ludwig Koehler et al., *The Hebrew and Aramaic Lexicon of the Old Testament* (Leiden: E. J. Brill, 1994-2000), p. 649.

2. B. Pick, «Precepts, the Six Hundred and Thirteen», *Cyclopadia of Biblical, Theological, and Ecclesiastical Literature* (Nueva York: Harper & Brothers, 1894), p. 494. Para mayor claridad, las 613 leyes incluyen requisitos que implican tanto las bendiciones como las consecuencias. Esto es un recordatorio muy importante de que el establecimiento de límites por parte de Dios no es puramente punitivo, sino que también incluye instrucción para el tipo de vida que Dios quiere que vivamos.

3. «What Is Iniquity? Its Meaning and Importance in the Bible», Christianity.com, 13 marzo 2019, https://www.christianity.com/wiki/sin/what-is-iniquity-meaning-and-importance-in-the-bible.html.

Capítulo 3: No se trata de los problemas, sino de lo que estos representan

1. Luis Villareal, «Counseling Hispanics», en *Healing for the City: Counseling in the Urban Setting* (Eugene, OR: Wipf and Stock Publishers, 2002), p. 220.

2. Derek Kidner, *Proverbs: An Introduction and Commentary*, Tyndale Old Testament Commentaries 17 (Downers Grove, IL: InterVarsity Press, 1964), p. 118.

3. «Proverbs 17:18, REV Bible Commentary», REV Bible, https://www. revisedenglishversion.com/Proverbs/chapter17/18.

Capítulo 4: Dios se toma muy en serio las violaciones de los límites y nosotras deberíamos hacerlo también

1. G. K. Beale, *The Temple and the Church's Mission: A Biblical Theology of the Dwelling Place of God*, ed. D. A. Carson, New Studies in Biblical Theology 17 (Downers Grove, IL: InterVarsity Press, 2004), p. 69 [*El templo y la misión de la iglesia: Una teología bíblica de la morada de Dios* (Editorial Monte Alto, 2021)].

Capítulo 5: Ya lo estás haciendo muy bien

1. Trauma: tanto el acto como el efecto de una experiencia profundamente angustiosa o perturbadora.

2. Christopher Wanjek, «Stress Causes Headaches, Scientists Confirm», Live Science, 19 febrero 2014, https://www.livescience.com/43507-stress- causes-headaches.html.

3. Gary L. Thomas, *Aléjate de las personas tóxicas: Cuándo dejar una amistad* (Nashville: Grupo Nelson, 2020), p. 13.

Capítulo 6: Es posible que nunca vean tus límites como algo bueno

1. APA Dictionary of Psychology, s.v. «emotional maturity», American Psychological Association, https://dictionary.apa.org/emotional-maturity.

2. APA Dictionary of Psychology, s.v. «emotional immaturity», American Psychological Association, https://dictionary.apa.org/emotional-immaturity.

3. John H. Elliott, *1 Peter: A New Translation with Introduction and Commentary*, Anchor Bible vol. 37B (New Haven: Yale University Press, 2008), p. 853.

4. John H. Elliott, *1 Peter*, p. 853.

5. Rick Brannan, ed., *Lexham Research Lexicon of the Greek New Testament*, Lexham Research Lexicons (Bellingham, WA: Lexham Press, 2020).

6. Franco Montanari, *The Brill Dictionary of Ancient Greek*, ed. Madeleine Goh y Chad Schroeder (Leiden: Brill, 2015).

Capítulo 7: Solo porque lo digan no significa que tengas que apropiarte de ello

1. Lysa TerKeurst, *Sin invitación: Vivir amada cuando se sienta menos, abandonada y sola* (Miami: Casa Creación, 2017), p. 256.

Capítulo 8: Tratar de hacer que alguien sea feliz no debería ser tu definición de saludable

1. David W. Pao, *Colossians and Philemon*, Zondervan Exegetical Commentary on the New Testament (Grand Rapids, MI: Zondervan, 2012), p. 173. [*Colosenses y Filemón: Comentario exegético-práctico del Nuevo Testamento* (Barcelona: Andamio Editorial)].

2. Es interesante notar que Colosenses 3:5 menciona otras ropas de derrota como la inmoralidad sexual, lo que también podría revelar la razón por la que la esposa que se menciona anteriormente no estaba en absoluto equivocada al abordar la pornografía.

Capítulo 9: ¿De qué tengo tanto miedo?

1. Orígenes, «De Principiis», en *Fathers of the Third Century: Tertullian, Part Fourth; Minucius Felix; Commodian; Origen, Parts First and Second*, ed. Alexander Roberts, James Donaldson y A. Cleveland Coxe, trad. Frederick Crombie, The Ante-Nicene Fathers 4 (Búfalo, NY: Christian Literature Company, 1885), pp. 313-14.

Capítulo 10: ¿Puede una despedida ser realmente buena?

1. «The Holy Reason We Say "Goodbye" And What to Say Instead», Dictionary.com, 9 septiembre 2020, http://dictionary.com/e/why-do-we-say-goodbye/.

2. Wayne Jackson, «The Separation of Paul and Barnabas», *Christian Courier*, https://www.christiancourier.com/articles/813-the-separation-of-paul-and-barnabas.

3. Gary L. Thomas, *Aléjate de las personas tóxicas: Cuándo dejar una amistad* (Nashville: Grupo Nelson, 2020), p. 20.

Capítulo 11: No me alejo, acepto la realidad

1. Lysa TerKeurst, *Perdona lo que no puedes olvidar: Descubre cómo seguir adelante, hacer las paces con recuerdos dolorosos y crear una vida nuevamente hermosa* (Nashville: Grupo Nelson, 2020).
2. Leslie Vernick, «Topic: Is This an Emotionally Destructive Relationship?», Leslie Vernick: Relationship Truth Unfiltered, 13 junio 2011,
3. https://leslievernick.com/topic-is-this-an-emotionally-destructive-relationship/.
4. Leslie Vernick, «How Do I Heal and What Do I Do About My Marriage?», Leslie Vernick: Relationship Truth Unfiltered, 21 julio 2021,
5. https://leslievernick.com/how-do-i-heal-and-what-do-i-do-about-my-marriage/.
6. C. H. Spurgeon, *Feathers for Arrows* (Londres: Passmore & Alabaster, 1870), pp. 124-25.
7. Cita original de Ireneo de Lyon, «Irenæus Against Heresies», en *The Apostolic Fathers with Justin Martyr and Irenaeus*, ed. Alexander Roberts, James Donaldson y A. Cleveland Coxe, *The Ante-Nicene Fathers*, vol. 1 (Búfalo, NY: Christian Literature Company, 1885), p. 490. Seguimos la traducción al latín de Julie Canlis, *Calvin's Ladder: A Spiritual Theology of Ascent and Ascension* (Grand Rapids, MI: Eerdmans, 2010), p. 250.
8. Peter Scazzero, *Espiritualidad emocionalmente sana: Es imposible tener madurez espiritual si somos inmaduros emocionalmente* (Miami, FL: Editorial Vida, 2008, 2015).

Conclusión

1. Word Guru, boletín electrónico, wordguru.co.

Sabiduría a la que recurrir cuando se cuestionan nuestros límites

1. Colin G. Kruse, *John: An Introduction and Commentary*, 2da ed. Eckhard J. Schnabel, Tyndale New Testament Commentaries 4 (Londres: InterVarsity Press, 2017), p. 371.
2. *Ellicott's Commentary for English Readers*, s.v. «Galatians 6:5», Bible Hub, https://biblehub.com/galatians/6-5.htm.
3. Roy E. Ciampa y Brian S. Rosner, *The First Letter to the Corinthians*, Pillar New Testament Commentary (Grand Rapids, MI: William B. Eerdmans Publishing, 2010), p. 647.

4. Leslie Vernick, «How Do I Heal and What Do I Do About My Marriage?»,
   Leslie Vernick: Relationship Truth Unfiltered, 21 julio 2021,
5. https://leslievernick.com/
   how-do-i-heal-and-what-do-i-do-about-my-marriage/.

Algunas notas importantes a considerar sobre el abuso

1. Blake Griffin Edwards, «Secret Dynamics of Emotional, Sexual,
   and Physical Abuse», *Psychology Today*, 23 febrero 2019, https://
   www.psychologytoday.com/us/blog/progress-notes/201902/
   secret-dynamics-emotional-sexual-and-physical-abuse.

Acerca de la autora

Fotografía por Meshali Mitchell

Lysa TerKeurst es presidenta de Proverbs 31 Ministries y autora de más de veinticinco libros, entre los que se encuentran *No debería ser así* y los éxitos de ventas del *New York Times Perdona lo que no puedes olvidar* y *Sin invitación.* Sin embargo, para quienes la conocen mejor es una mujer sencilla con una Biblia bien gastada que proclama la esperanza en medio de los tiempos buenos y las realidades desgarradoras.

Lysa vive con su familia en Charlotte, Carolina del Norte. Conéctate con ella a diario, conoce en qué está trabajando ahora y sigue su agenda de conferencias:

Sitio web: www.LysaTerKeurst.com
(Haz clic en «events» para preguntar sobre la
posibilidad de que Lysa hable en tu evento).

Facebook: www.Facebook.com/OfficialLysa
Instagram: @LysaTerKeurst
Twitter: @LysaTerKeurst

Si has disfrutado de *Límites saludables, despedidas necesarias,* puedes equiparte con recursos adicionales en:

www.GoodBoundariesAndGoodbyes.com
www.Proverbs31.org

Proverbs 31
MINISTRIES

Acerca de Proverbs 31 Ministries

Lysa TerKeurst es la presidenta de Proverbs 31 Ministries, con sede en Charlotte, Carolina del Norte.

Si fuiste inspirada por *Límites saludables, despedidas necesarias* y deseas profundizar tu relación personal con Jesucristo, tenemos justo lo que estás buscando.

Proverbs 31 Ministries es una amiga de confianza que te tomará de la mano y caminará a tu lado, guiándote un paso más cerca del corazón de Dios por medio de:

La aplicación gratuita del estudio bíblico *First 5*
Devocionales diarios gratuitos en línea
Estudios bíblicos en línea
Pódcasts (La serie «Terapia y teología» de Lysa
puede resultarte muy útil para continuar tu
búsqueda de la salud espiritual y emocional).
Capacitación para escritores COMPEL
Conferencia She Speaks
Libros y recursos

Nuestro deseo es ayudarte a conocer la verdad y vivirla. Porque cuando lo haces, todo cambia.

Para obtener más información sobre Proverbs 31
Ministries, visita www.Proverbs31.org.

Una invitación de Lysa

Fotografía por Meshali Mitchell

Cuando mi familia y yo tratábamos de sanar de la temporada más oscura de nuestras vidas, no dejaba de orar que algún día pudiéramos usar nuestras experiencias para ayudar a otros a encontrar sanidad. Sin embargo, no quería hacer esto solo en las conferencias. He soñado con invitar a amigas como tú a mi casa para partir el pan y compartir nuestros corazones quebrantados, cara a cara, corazón a corazón. Así que me encantaría invitarte a Haven Place, un espacio seguro para que encuentres la sanidad bíblica y emocional que has estado buscando.

Si quieres más información sobre las reuniones íntimas, estudios bíblicos y retiros que tendremos aquí, te invito a visitar lysaterkeurst.com/invitation-from-lysa.

Realmente creo que la sanidad, la esperanza y el perdón serán los himnos, las oraciones y los gritos de victoria que se elevarán desde Haven Place.

¿Qué debería leer después?

Este libro de Lysa va mano a mano
con lo que has aprendido en
*Límites saludables,
despedidas necesarias*

¿HAS LEÍDO ALGO BRILLANTE Y QUIERES CONTÁRSELO AL MUNDO?

Ayuda a otros lectores a encontrar este libro:

Publica una reseña en nuestra página de Facebook @GrupoNelson

Publica una foto en tu cuenta de redes sociales y comparte por qué te agradó.

Manda un mensaje a un amigo a quien también le gustaría, o mejor, regálale una copia.

¡Déjanos una reseña si te gustó el libro! ¡Es una buena manera de ayudar a los autores y de mostrar tu aprecio!

Visítanos en **GrupoNelson.com** y síguenos en nuestras redes sociales.